做人做事做学问

名家系列讲座精粹（第六卷）

宁波大学『做人做事做学问』名家系列讲座组委会 编

宁波出版社
NINGBO PUBLISHING HOUSE

本书编写委员会

主 编 冯 杰

副主编 周 青 余怡春 吴立爽

委 员 王湖清 黄佳男 胡 斌 夏晓晨

孟关良讲座现场

郑永年讲座现场

庞升东讲座现场

蒂姆·亨特讲座现场

赵季平讲座现场

赵玉芬讲座现场

潘公凯讲座现场

康辉讲座现场

陈剑平讲座现场

沈满洪讲座现场

杨卫讲座现场

董倩讲座现场

蔡荣根讲座现场

王建宇讲座现场

石智勇讲座现场

汪顺讲座现场

郭万林讲座现场

梁晓声讲座现场

序

《做人做事做学问名家系列讲座精粹(第六卷)》由宁波出版社正式出版了，在此表示热烈祝贺。曾经，我也作为主讲人，在“三做”的讲台上与师生交流，感受思维的碰撞与知识的传递。如今，作为宁波大学校长，为本书写下序言时，我依旧能回忆起当时内心的澎湃与激情。宁波大学“做人做事做学问”讲座创立于2001年2月，由宁波大学第五任校长、中国科学院院士严陆光倡议设立，严校长创设“三做”讲座的初衷，就是想邀请社会各界卓有成就，对人类、对国家、对社会有贡献的知名人士，结合自己的学术领域、专业领域、职业生涯和同学们说说自己的人生感悟，分享在做人、做事、做学问方面的经验和见解。讲座中蕴含的爱国精神、创新精神和求实精神，在贯彻社会主义核心价值体系、传承优秀文化传统、加强大学生思想政治教育、建设和谐校园文化等方面发挥了重要作用。

讲座中熔铸着“胸怀祖国、服务人民”的爱国精神。在主讲人中，有许多人经历祖国的发展变迁，他们以最诚挚的语言，诉说爱国热忱。如政治学者郑永年心系大国外交，以恳切的话语描摹国家未来宏伟蓝图；赵玉芬院士曾身居海外，但仍一心向国，希望为国家建设作贡献。爱国，是人世间最深层、最持久的情感，在中国悠久的历史与文化中，爱国情怀深深地感染着我们，它是激昂的主旋律，是激励我们不忘奋发图强的精神动力。讲座在润物无声中把家国情怀植入心灵深处，让青年学子扎根人民、奉献国家的志向愈加坚定。

讲座中孕育着“勇攀高峰、敢为人先”的创新精神。创新不仅是指在学术研究中的技术突破，更是要以开放、敏锐、勇敢、坚韧的态度，迎接未知的探索和挑战。如著名力学家杨卫院士，秉承舍我其谁的责任，与时俱进，革故鼎新，担当传承力学之道，不断探索新的力学研究方向。又如英国生物化学家蒂姆·亨特，怀揣敢为人先的勇气和敢于冒险的自信，积极投入生物化学领域进行研究，最终发现了细胞周期中的关键调节因子，获得诺贝尔生理学或医学奖。在这些科学家身上，我们可以看见创新、无畏的精神内核。这种精神激励着青年学子在各个领域中超越自我、获得成功。

讲座中蕴含着“追求真理、严谨治学”的求实精神。在名家的分享中，我们看到了对知识的深度渴求和对学术的严谨态度。王建宇院士以“机遇缘于准备，成功贵在坚持”为题，展现了他实事求是的学者风范；郭万林院士从“诚于传承，勇于进取”的主题出发，将航天航空技术发展的漫长和不易娓娓道来。他们将求实的种子埋藏在科研的土壤里，最终收获了累累果实，他们也将这种精神贯彻到日常生活中，知行合一，真诚待人。这种将人生哲学与科学研究结合，求真务实的精神，也是青年学子需要修炼的品格。

“做人做事做学问名家系列讲座”已经举办了235讲，伴随宁波大学走过了24个春秋，讲座精粹也出版了6卷。作为宁大学生“人生教育的课堂，人文教育的平台”，讲座始终以“做人贵在清白，做事必须认真，做学问要敢于‘好高骛远’、善于实事求是”为主旨，引导青年学子们注重道德修养、保持积极态度、不断学习探索。这一系列讲座不仅是知识的传递，更是一种思想的传承与精神的引领，激励着一代又一代宁大师生在追求卓越的道路上奋发向前。

值此讲座精粹第六卷出版之际，我也想向讲座创办人严陆光校长致以崇高敬意，向所有前来宁波大学演讲并同意我们将讲座录音整理结集成册以飨更多读者的院士、名家表示衷心的感谢，向讲座组委会的历任主任邢学亮、刘剑虹、唐绍祥和负责讲座组织工作的校党委宣传部的工作人员表示衷心的感谢，也感谢将这些讲座录音整理编辑成书稿的工作人员和编辑。我们期待讲座能够办成塑造学生品格、品行、品味的“大课堂”，让每场讲座都成为宁波大学师生弥足珍贵的精神宝藏。

宁波大学校长　蔡荣根

2024年9月29日

目录

孟关良	艰辛、曲折、团结、奋进——我的奥运之路 · 2
郑永年	习近平时代的中国大外交 · 13
庞升东	真诚就是一切 · 24
蒂姆 · 亨特	如何获得诺贝尔奖：细胞分裂的秘密 · 30
赵季平	音符铺就的心路——漫谈我的音乐创作 · 37
赵玉芬	我的回归之路 · 44
潘公凯	传统派与传统主义：以潘天寿为例 · 55
康　辉	没有岁月可回头 · 62
陈剑平	走向优秀，收获成功 · 75
沈满洪	弘扬“宁波帮”精神，推进“双一流”建设 · 95
杨　卫	力之大道 · 117

董　倩　　懂得·128
蔡荣根　　仰望星空，志存高远——兼谈黑洞和引力波·136
王建宇　　机遇缘于准备，成功贵在坚持·152
石智勇　　梦想的力量·170
汪　顺　　波浪中的坚韧——我与宁大“相映成双”的奋进之路·176
郭万林　　诚于传承，勇于进取·186
梁晓声　　用文学传递人间温暖·200

孟关良

中国皮划艇静水项目运动员。1977 年出生于浙江省绍兴市。1995 年进入国家皮划艇队。1997 至 2001 年，蝉联全运会男子 1000 米划艇金牌。2004 年 8 月，在雅典奥运会上夺得男子双人划艇 500 米金牌，这是中国选手在皮划艇项目上夺得的首枚奥运金牌。2008 年北京奥运会中，卫冕男子双人划艇 500 米冠军。退役后，历任浙江水上运动管理中心副主任、主任，浙江省皮划艇队总教练。

艰辛、曲折、团结、奋进 —— 我的奥运之路

孟关良

◎ 2016 年 6 月 16 日，第 180 讲

尊敬的各位老师、同学们，今天非常荣幸来到宁大跟大家交流。这个交流分为两个部分。第一部分，让大家了解一下水上项目和我从事的皮划艇项目。第二部分，跟大家交流一下我运动生涯中的一些经历。

首先，介绍一下我的基本情况。十九岁我就成为运动员，但原来我是游泳运动员。练习了六年进入省队以后，省队的教练认为我没有发展前途，我就退役回到了绍兴老家。最后由于对水上项目的热爱，我又选择了从事皮划艇项目。从 1995 年从事皮划艇项目以来，到 2007 年，我总共获得的全国以上金牌在 100 块以上。当然，最重要的两块金牌是 2004 年和 2008 年获得的。其中，我和搭档杨文军获得的“CCTV 体坛风云人物”的奖项我尤为珍惜，因为这是我们团结精神的象征。

其次，我给大家介绍一下皮划艇。皮划艇分两个项目，分别为静水皮划艇和激流皮划艇，静水皮划艇又分为皮艇和划艇。我们在 2008 年奥运会的时候参加的项目就是双人划艇，这个项目难度要求非常高。在所有运动项目里面，我们的划艇项目的难度可以排到第三，位于撑竿跳和平衡木之后。因为比赛时划艇运动员在艇上采用单腿跪姿，并且这个船非常窄，长度只有 5.9 米，它底下还是半球形的，船上也没有任何的舵，因此没有任何的支撑点。运动员要使用一端带桨叶的单桨在船一侧划水，船桨特别长，在没有任何支点的情况

下，还要划得直。也就是说，这不仅是以体能为主的项目，对技术要求更是非常高，而且对配合的默契程度要求也极高。因此，这个项目我只有跟杨文军搭档才能配合默契，否则不可能达到这样的成绩。另外一项就是皮艇，皮艇采用坐姿，用脚控制方向舵，使用双叶桨在船两侧轮流划水。激流皮划艇，目前我们国家在这个项目上的水平不是很高，奥运会总共获得 4 枚金牌。其实说得通俗一点，激流皮划艇就是漂流的升级版，但危险性更高、更刺激。跟漂流不一样的是，漂流可以平着漂，就算在落差高的地方也是顺流而下，但激流皮划艇在落差越高的时候就越是要翻滚，越是要逆流而上。除此之外，还有一个项目是赛艇，马术、帆船和赛艇被称为“三大贵族项目”。“奥运之父”顾拜旦原来就是赛艇运动员，赛艇比赛，特别是男子八人艇，象征着团队协作。因此，在奥运会上，八人艇项目的金牌通常是由奥委会主席去颁发的，代表着特殊的意义。这个项目，我们曾在奥运会上获得了 14 块金牌。国内最有名的是清华和北大对抗赛，是由剑桥、牛津的对抗赛演变过来的。

我的运动生涯是从 1995 年开始的，那时候我正式进入国家皮划艇队。其实我的运动生涯应该说是很艰辛、很曲折的。我刚进入国家队时，我们国家的皮划艇项目落后到无法想象的地步。1995 年到 2000 年的所有世界比赛，我们只要去参加，一般都提前两天就订好机票了。也就是说，出发和返回时间都提前两天，人家还在决赛，我们已经返回了。比如我们只能去参加所有国家都有资格的预赛，但进入不了半决赛，第二天就只能观赛学习。当时在亚洲国家中水平比较高的是日本和韩国。当然，日本和韩国的这个项目要进决赛也是不太容易的。在如此艰难的境况下，我们队伍从 2000 年奥运会以后却喊出口号：我们要在奥运会冲击金牌，去拿冠军。这使得我们饱受质疑，但是当时的领队十分支持我们。他鼓励我们：“你想都不敢想你怎么可能实现？”说实话，当时我们的处境十分艰难，我们与外国运动员的差距不仅仅是在训练强度上，更是人种差别，以及几千年来饮食习惯的差异。从 2000 年开始，我们就下决心要改变现状，即使当时没有很大的把握，也是孤注一掷，尽力而为了。开始训练的时候，我们的训练运动量和训练强度都比之前翻了一倍。我们每天的训练从早到晚，一天几乎没有自主的活动时间，早上六点钟起床，七点钟吃饭，八点半就开始训练，一直要练到十二点，中午吃完饭休息一个半小时，再开始训练，一直要练到晚上六点。晚上六点吃完饭以后，还要做拉伸运动到晚上九点。因此，一天二十四小时，除了睡觉，我们将所有的时间都投入了训练。只有这样，我们才有可能获得进步，才能有所突破。

2002 年最关键的时刻，我们队伍花了大力气聘请了一个外籍教练马克，他是波兰人，也就是他将我们带上了最高领奖台。马克教练来的时候不仅带来了六箱书，还带来了先进的理念。他认可我们的训练方式，但同时对我们提出了更高的要求，比如原本每天每节课一般划 15 公里，最多不到 20 公里就累了，但他要求 30 公里，甚至 35 公里，并且需要以更快的速度、更高的强度达到目标。他的这一理念遭到了我们的质疑，因此也不可避免地发生了一些争吵。这种情况持续了整整一年，在此期间我们每一场比赛的成绩都不尽如人意。但是当年去参加世界性比赛（世界杯）时，我们竟然进了决赛。虽然最后还只是获得了第九名，但是这次比赛对我们整个队伍所有运动员意义非凡。这次比赛后，我们与马克教练互相的碰撞和理念差异逐渐减少，随之而来的是我们的所有训练真正地走上了正轨。

通过这样大体量和大强度的训练，我们得到了应有的成绩回报，整个队伍也因此更加团结。2004 年世锦赛结束以后，我们去了昆明的高原训练，尝试在缺氧的情况下挑战自己。那年的春节我们就是在那里度过的，并且越到过年我们的训练强度越大。那段经历让我印象深刻。平时训练时，我们绕水库跑两圈，但是大年三十当天，教练要求我们跑三圈。水库周围都是田，水牛很多，经常干扰我们跑步。那天我们跟教练争取休息的机会，说今天水牛回家过年，我们也应该休息。结果马克说了句话激励了我们，他说："水牛不参加奥运会，你们要去为国争光。"一个外国的教练还在为我们这个项目的突破尽心尽力，我们更应该全力以赴。所以，那天下午即使内心不是特别乐意，我们也坚持下来了。那天跑完以后，我们一组 12 个人，其中 11 个人是在规定时间内完成这个任务的。我们的最后一个运动员，最后甚至是走到的，到了以后就趴在地上大哭，因为他确实累到了极点。但是，当时我们所有人都没走，所有人都在终点等着，等他结束后将他抬回房间。当时马克教练深受感动，他说他此刻看到了奥运金牌，结束以后他还奖励我们大年初一休息半天。

从那以后，他更坚定地认为我们参加奥运会一定能成功，因为他看到了我们队伍的团结精神。当然，这只是一堂训练课的小故事，以小见大，基本上我们的训练都是在艰苦中度过的。大家都称马克教练为“魔鬼教练”，但是我更认为他是一个完美主义教练。有一年，国家的队伍搬到了浙江的千岛湖进行训练，当时也发生了一件事，我现在还记忆犹新。不同于平时几十公里的训练量，那堂课制订的计划只有 6 个 150 米，但他是有时间要求的。最后，因为达不到他的时间要求，即使天快黑了，我们也要拿探照灯照亮继续划。这也就是为什么说他是完美主义教练。

正是他每次训练时这样的硬性要求，使我们整个队伍的方方面面都得到了提升，不仅是运动实力，还有从中萌生的团结合作的精神。当时国家队的竞争是非常残酷的，但是最后 2003 年世界锦标赛时，我取得了世界排名第六，我的搭档杨文军取得了世界排名第九的成绩。当时我们自己也不敢相信单人比赛的情况下，我们能获得这么好的成绩。因此，从理论上来说，我们这艘双人艇也是世界最强，从此以后，我们两人就搭配划双人艇了。在双人艇的整体配置当中，最为重要的是团结协作精神。但与一般情况不同，这里的团结，我理解为首先要妥协呵护。因为在我们这个特殊的艇上，如果没有妥协、没有呵护，我们两个可能无法成为最佳搭档。

我跟我搭档杨文军两个人性格迥异，杨文军的性格十分内向，寡言少语。但是在这需要高度默契的项目中，我们必须要互相去弥补与妥协。我们当时有 12 名运动员，一共配了 6 条艇。从理论上来说，我们二人体能是最好的，配置也是最好的，但是因为我们二人没有交流、协作，一开始的时候，所有艇都比我们速度快，我跟杨文军的组合排名第六。但是经过一段时间的磨合以后，我们两个熟悉了彼此的优点与不足，也逐渐明白如何进行互补。这一过程是很艰难的，我们不光要适应彼此的性格，还要提升各自的技术。因此，我们不仅要兼顾平时的训练，还要去加练来提升我们的配合度。但是，我们在共同目标的激励下，为了实现奥运会金牌零的突破，拼尽全力。在2003年底的时候，我们两个的成绩突飞猛进，速度快得连教练都难以置信。

虽然我们的成绩变得十分突出，但内心还是虚的，一会儿觉得水上距离不对，一会儿觉得水的密度不对。但是，在2004年初的世界杯比赛中我们获得了冠军，这是我们国家在这个项目上的第一个世界冠军。当时我们拿了这个冠军以后，赛场上有太多的人不信。当时最有成就感的就是，日本队的队员见到我们，都是90度鞠躬。因为亚洲这么多国家，在这一项目上能获得冠军的寥寥无几。这一次的胜利更加坚定了我们的目标，就是要获得奥运冠军。但是，奥运冠军之路，何其艰难。因此，之后我们的备战，也是极其艰苦的。比如为了避免外界的干扰带来压力，我们的封闭训练与外界几乎断绝了联系，住的地方没有电视，没有报纸，手机也是到晚上九点钟就收。兴奋剂检测这时也成了一种压力，作为获得比赛冠军的亚洲国家队伍，国际兴奋剂检测部门紧盯着我们，无论我们在哪里进行封闭训练，他们必定赶到，速度很快，频率也很高。2004年奥运会时，即使预赛时我们遥遥领先，决赛能获得冠军也是出乎意料的。由于太过紧张，甚至许多赛前准备的精细程序也忘记了，比如说你早上起床只能吃一块饼干，吃完以后你几点钟做什么，几点钟去换衣服，几点钟去看你的船，几点钟下水，你水上划多少桨。

比赛前一天，我跟搭档一个房间，半夜两个人都睡不着觉。马克教练知道后安慰我们说："你们睡不着，大家比赛也都睡不着，我现在也是。"因此，最后决赛上场的时候，我调整好了自己的心态。但是，说不紧张是假的，一出发我就犯了一个低级错误。出发起航的时候都需要对齐，但是由于太紧张，我们全都对不齐，跪着脚都在抖，连桨也拿不住。所以，当枪一响的时候，我们一下就比人家慢了一截，但这时我们有思想准备。因为面对突发情况，我们已经制订了非常精细的应对计划，这时候越是心急越要低着头，这样才能不被对手的情况所干扰。当我们冲过终点以后，内心渴望宣布谁是冠军，又是期待，又是懊悔，过了几分钟以后宣布是我们得了冠军，又变为不可置信，这当中真是经历了漫长而又跌宕起伏的心路历程。

面对这个突如其来的冠军，我们不知道如何去面对。我问了裁判很多遍，我们是不是冠军，直到裁判跟我们确认时，我们都还不敢相信。最后大屏幕上显示我们是冠军的时候，我们的心才落地。当时说心里话，一下成为奥运冠军，有点魂不守舍的，也不知道上台干什么，上台的时候我们连船桨都忘记了。之后，有很多的记者来采访我们，当时我跟我搭档的表现真就可以说是呆若木鸡。早上比赛结束以后，我们一天都没有吃饭，傍晚的时候才感觉到一丝饥饿，就简单地吃了东西。但是后来冷静地想想，整个赛事虽然我们犯了错误，但是由于我们二人的自信坚定，我们发挥出了最好的水平。

凑巧的是，那年我们参加的是第28届奥运会，拿的金牌也是奥运会的第88块。比赛那天正好是8月28日，我也28岁。但是至今为止仍让我感到失落的是，在我们获得冠军的激动时刻，看台上却没有几个中国观众。当时大概总共有六七万观众，但在看台上却只有两面五星红旗，只有五个中国观众，甚至这五个观众也是我们的队员。另外，其实中国媒体也都不懂。在当时的1000米比赛时，还有很多媒体。但是，由于战术的原因，我们获得了第九，所以一到500米决赛的主要赛事开始的时候，中国媒体都走了。最后，比赛开始的时候，有些媒体甚至还转播了五分钟的足球，直到我们拿冠军以后才转回来。但是，2004年的这个比赛，完全改变了我们的未来，我们从不敢想，到敢想，到敢做，到最后获得成功，真的付出了超乎常人的努力。

作为大年龄的运动员，在这样以体能为主的项目里需要有更好的恢复，因此2004年奥运会结束以后我就选择了退役。退役以后，我组建了家庭，也在水上中心找到了工作，也不参加训练了，真的没想过2008年会再去参加比赛。当时我的生活也很平静，虽然我的工作还没有离开水上项目，但是工作的性质已经不同，是在保障运动员的工作岗位上。因此，之后在领导又来劝我恢复训练时，我也是断然拒绝的。

为什么呢？首先，最大的困难就是，我在2004年退役以后再没有运动，体重达到了108公斤。每一个运动员都有自己的最佳体重，我的最佳体重是87

到88公斤。因此，2006年恢复训练的时候，减重是最大的难关。除此之外，我家庭的状况也比较困难，我的爱人即将生产，父母的身体也不好，因此我断然拒绝了这个建议。但是最后真正说服我的理由就只有一个，那就是2008年奥运会在北京召开，这是我国举办的首届夏季奥运会。我们这个项目的运动员刚刚在国际上取得了很优异的成绩，但如果在2008年奥运会上没有获得金牌，那也许这个项目就被人遗忘了。其次，虽然家庭困难，但是我的家人非常支持我的事业。所以，在我们领导的激励下，我当时还是决定复出。那个时候我们已经解聘了马克教练，他已经回国，但我们聘请了国际上更有名的教练，作为我们的总教练，他叫约瑟夫。在来中国之前，他是德国队主教练，曾经带领队伍获得11块奥运金牌。

在这样的前提下，2006年10月份我就去往四川成都报到了。一开始，主教练约瑟夫并不相信我能取得成绩，但他并没有赶我走。他跟我们的中方教练打了个赌，认为我在奥运会前会自动离开，正是因为这个赌约我才留了下来。但是当时他不了解我的性格，一旦我去参加训练，我一定拼尽全力，务必要参加奥运会。一个月以后，他对我的看法有所转变，肯定了我的努力。为了减肥，每一天正常训练以后，一般都是五点或者五点半的样子，我必须跑步20公里，并且是雷打不动的。每天跑完以后都是七点多，那一年我几乎没有吃过一餐正常时间的晚饭。但是我的队友，他们一定会给我把饭准备好，并且每个人都会轮流地来陪我。

其实减肥效果最好的是骑动感单车。后来队伍又回到千岛湖了，每次训练以后，我要骑80分钟到2个小时动感单车，汗水滴落一地，那段时间单车也不知道坏了多少辆。但是当时我必须这么做，因为国家队在体重方面的选拔是特别严格的。如果我不能成功减重，我连参加的资格都没有。所以，我在2007年9月份世锦赛之前，体重减到了92到93公斤，但是没有达到国家的标准，因此国家不认可我和杨文军这条艇去打世锦赛的资格。最后，参加世界杯的时候，分配给了我新的搭档，也就是现在宁波八一队教练，当时他是我们队最年轻的一个队员。当时我跟我搭档计划，如果这个项目在世锦赛获得了奥运会的比赛资格，我可以重新匹配搭档。但是如果拿不了，那我这次恢复训练就到此为止。当时我们的处境十分艰难，因为我们两个从来没有配合过。幸好我的搭档很珍惜这次机会，即使他知道不管输赢他都与奥运会无缘，因此我们合作得非常好。当时他们教练开会的时候，并没有把我们这条艇的资格算进去，但是恰恰最后世锦赛这场比赛我们获得了世界排名第五的成绩，这也是我们整个国家队的最高成绩。

在我的记忆里，这场比赛中我的体力透支比奥运会时更大。因为我真的算是背水一战，当时我必须拿下这个资格。也因为我确实还没有完全恢复，划完以后回到运动员休息区，40 分钟以后我们才站起来。当时的这种体力透支，我们都没有办法站住。因此，我们比完赛以后，一直躲在门后面的角落里，我不愿意给大家看到比完赛后我有这么大反应，因为这个反应一定是训练不足所造成的，或者说是恢复得不够造成的。比赛结束回国以后，国家才宣布我跟杨文军重新配艇，我们自己争取到了 2008 年奥运会的参赛资格。

除了减重，我最大的压力来自冠军的光环。一般人的思维下，如果你再次参加比赛，就必须要拿冠军，要是拿银牌，就别去参加，所以赛前我的压力是很大的。我印象中 2008 年奥运会的赛前训练是最残酷的，也是封闭最严格的。整整封闭了三个月，我都没有和家里通过几次电话，当然我们的教练，甚至后勤都是一样的。虽然我们的团队比 2004 年的更强，但是整个备战过程还是十分艰苦的，而且直到最后才能确定哪几个人参加奥运会。我们大部分的陪练都是一样的，他们会一直陪我们到奥运会的最后一天。因此，我们的队员和陪练，到现在为止，感情依然都很深，甚至比战友情更深。那时，我们很早就去往北京进行封闭训练。虽然我们具有东道主的优势，但同时关注我们的朋友、领导也更多了。我最害怕的就是领导的来访，对我们的心态影响非常大。可能他们不经意的一句话，我又是一个晚上睡不着。

比赛到最关键的时刻，像我们这样的体能项目也比较容易受伤。奥运会开幕式的前三天，我在运动当中受伤，并且是在水上受伤，最后是由救援团队抬上来的。本来计划参加奥运会开幕式，最后变成坐在电视机前面看开幕式了。当然国家队也是尽了全力，在我受伤以后，治疗团队立马赶来。给我会诊的同时，国家队的教练组也在紧锣密鼓地开会。谁去参加奥运会？谁上这条艇？这条还划不划？这些问题已经开始讨论。那时候，我知道一旦我站不起来，我就错失这次机会，因此我十分感谢我们的医疗团队。那时，医疗小组组长给我的心理暗示十分重要，他向我保证三天能站起来，正是因为这一暗示，我三天以后真的站起来了。三天以后，他又告诉我，三天以后，你可以跑步，三天以后我果真能去跑步。六天以后，我不光去跑步了，我还到水上划船去了。那个时候奥运会已经开始，最终教练组还是决定由我们去参加比赛。后来这个医生又跟我说了一句话："没事，你只要划，我在终点等着你，有问题我再来。"正是他的心理暗示，使我坚持到了最后。

其实我最担心的是自己的身体。因为如果预赛出现问题，决赛就无法参加了。但是，无论是预赛还是决赛，我们都要获得第一。为什么呢？因为这次不像 2004 年的奥运会，这次的奥运会在北京，七八万观众都是中国人。其实，奥运会之前我们就预料到会有很多的观众来喊孟关良、杨文军的名字，害怕心里承受不了，进而影响比赛，因此，在比赛之前我们已经小规模地演练过了。但是，当我们上航道的时候还是接受不了。所有人喊着我的名字的时候，我还是心里发慌。因为太想要拿到金牌了，就更怕出现失误。当然，2008 年奥运会的所有对手我们都很熟悉，其实大家的实力相差并不大，还是看谁能将动作做得更细更精。因此，我们比赛的时候，特别是预赛，只超过第二名 0.7 秒。预赛结束以后，我们这个伤兵队伍如释重负，无论怎么样，后面只有一场决赛，即使受伤了后面也可以治疗。但是真正到决赛的时候，这心态又不一样了。比赛之前，由于紧张，洗手间永远没有空的时候，甚至有的运动员压力太大，承受不住，想要放弃。在这样的高压下，心态最为重要，因为有很多裁判和救生员都是我们系统内的教练或中心的工作人员，每到一处他们都会喊加油，其实对我们来说负担非常大。因此，比赛的时候我们必须思想高度集中，集中到屏蔽外界的一切声音。冲过终点以后，我们已经筋疲力尽，因此我们的船也就翻掉了。但我们掉下去的时候，也是我们最兴奋的时候。

比赛之前我们也想过，如果获得了冠军，冲过终点的那几分钟，要做些什么动作。但是，恰恰冲过终点以后，我们的耳朵根本听不到。当救生船来救我们的时候，我们是没有力气爬上去的，因为需要一段时间恢复。因此，我们在船上跟几万观众招手的时候，我们也都是听不到的。最后到了码头边上，我们才慢慢恢复。但是当时拿金牌以后，我们的内心其实是非常激动的，因为这块金牌比 2004 年的那块分量更重。那时候，我就把我的孩子抱上领奖台，因为我在恢复训练之前就跟我的爱人说无论我拿第几，我一定把我的孩子抱上去。因为我觉得他长这么大我都没见过他几次，我要给他留下更多的精神财富，并且我的表现还是不错的，获得了第一名的好成绩。我的孩子也很可爱，他在我比赛的时候睡着了；在看台上六七万观众喊加油的时候，他睡着了；当我们冲过终点的时候，他又醒了。现在，我们孩子最喜欢的就是奥运会比赛。

应该说是到目前为止，双人皮划艇这个项目，除我和我搭档蝉联以外，目前亚洲没有一个组合获得过世界第一。

郑永年

中国问题研究专家，香港中文大学（深圳）公共政策学院院长、前海国际事务研究院院长。《国际中国研究杂志》共同主编，罗特里奇出版社“中国政策丛书”主编和世界科技书局“当代中国研究丛书”共同主编。长期从事中国内部转型及其外部关系研究，是国际上备受尊敬的中国政治经济学者之一。主要著作有《技术赋权：中国的互联网、国家与社会》《中国的“行为联邦制”：中央－地方关系的变革与动力》《全球化与中国国家转型》等。此外，经常在报刊及其他媒体发表评论，1996年成为香港《信报》的专栏作家，2006年开始在新加坡《联合早报》刊登专稿。

习近平时代的中国大外交

郑永年

◎ 2016 年 9 月 26 日，第 182 讲

今天非常高兴有机会被邀请到宁波大学与大家交流。这是我第一次到宁波大学来，也是第一次在这里做讲座，非常开心，莫名其妙地又有些紧张。

我们的主题是“做人做事做学问”，那我就简单地做一些分享。我是 1981 年离开宁波的，到现在已经 35 年了。我在北大 9 年，美国 7 年，欧洲英国 3 年，然后到了新加坡，余下的时间就在新加坡度过了。新加坡离中国非常近，最近几年我也经常回国，但与学校的交流有点少。因为我以前是农民，所以比较喜欢到乡下、工厂去做一些社会调研。我写专栏到现在已经 20 年了，刚好 10 年在香港《信报》，10 年在新加坡《联合早报》。写专栏有利有弊，好处就是可以分享自己的想法，坏处就是大众渐渐将你当作一个专栏作家了，但写专栏只是我的一个业余爱好。我想大家了解我普遍是因为报纸上面的文章，但如果对我分享的内容有兴趣，也可以读读我的书，因为专栏里的文章只有几千字，那只是我一些想法的片段。

我今天想讲的课题是“习近平时代的中国大外交”。

我认为，从“十八大”到现今，基本的中国外交格局已经形成了。我估计，接下来的很多年，中国都将沿着现在的这个方向前行。“十八大”以后，大家都注意到了，中国的外交已经发生了很大的变化，邓小平时代是“韬光养晦，有所作为”，很多人认为中国现在已经放弃“韬光养晦”而走向了“有所作为”，甚至

有些对中国不友好的美国人说现在中国的外交政策具有侵略性。可以看到，中国对美国、俄罗斯、印度，以及周边地区的外交策略都已发生很大的变化。尤其是中国周边的地缘政治，从朝鲜核危机到东海问题和中日钓鱼岛问题，再到前一阵子的南海问题，我在新加坡感受更深。再往西走，到印度洋与印度的关系，西藏、新疆等反恐问题，可以看出中国的外交策略确实在变化。

如此变化的由来，值得深思。很多人认为变化的主要原因是“十八大”以后习近平总书记对中国外交政策的调整。但我认为，外交的变化，当然领导人的外交政策很重要，但领导人的外交政策也是对中国所处的国际环境的反映。客观形势是最主要的，也就是中国的地缘政治的变化。那么中国的地缘政治发生了什么样的变化呢？从欧美的角度来说，大家都认为这个变化是中国的崛起。当然我也认为，在亚太地区，中国的崛起也是其中一个因素，还有一个因素就是美国的相对削弱，这个因素非常重要。第三个因素就是日本追求的所谓“正常化”，日本要成为一个“正常国家”。此外，就是俄罗斯的发展相对稳定下来。当然，和周边的一些小国都有关系，但是最主要的还是中国自身的地缘政治发生的变化。

从外部看来，中国从近代以来，也就是被西方帝国主义打败以后，中国的地缘政治影响力已经被瓜分了，而中国现在崛起了，不管领导人的意向如何，它都会产生很大的反响。打个比方，如果你的邻居越来越富裕，越来越强大，即使他什么都不做，你在他旁边生活就能够感受到很大的压力，这是很正常的。所以，中国崛起，其他国家，尤其是一些小国会担心中国的影响，而像美国这样的大国就会担心中国挑战它的霸权。其实道理很简单，中国以前积贫积弱，那时很多大国不仅不会惧怕你，它们还会同情你，但当国家崛起以后，大家对你的看法就不一样了，你对这个世界的看法也会不一样。

从内部来看，改革开放以后，中国原本处于一个为了崛起而努力适应国际社会的过程，而现在的中国就不愿再单方面地迎合世界，因为中国如今已崛起到这样的程度。但同时，中国又还没有真正地崛起成为一个大国，如果真正地成为一个大国，其他国家都会主动向你靠拢，当其他国家都愿意向你靠拢时，情况就不一样了。两年前，外交部部长王毅到新加坡拜访我，我就预测中国接下来的10至15年的外交最难做，因为中国与世界处于一个“对峙”的状态，中国不愿意单方面继续适应世界，世界又还没有准备好向中国靠拢。如果今后的10至15年，中国还能保持可持续发展，不需要很高的增长，只要保持6%至7%的增长，那么经济总量有可能超过美国成为第一，人均GDP可能达到高收入经济体的水平。那时，尤其是东南亚、东亚国家都会主动地向中国靠拢。现在这样的情形，中国需要一个明确的定位，这是“十八大”以后这一代领导人需要思考的问题。

而如何调整中国的外交政策呢？首先，我们简单回顾一下以前的政策。毛泽东时代的外交是“弱国外交”。尽管1949年中华人民共和国成立，国家统一，但是改革开放以前，中国的经济十分落后，当时邓小平甚至说我们实行的是贫穷社会主义。“弱国外交”的特色表现就是生存外交，而求生存不容易。中华人民共和国成立以后，西方主要大国不承认中国反而承认台湾。为了找朋友，中国在经济如此落后的情况下还向非洲等地区提供了大量的资源；为了找朋友，也为了求生存，中华人民共和国成立以后实行向苏联“一边倒”的政策，但是没过几年，中苏之间的同盟就解体了。这里我强调一下，如今中国为什么不结盟。其实结盟很难，现在的美日同盟、美韩同盟，并不是一个平等的联盟关系，美日之间、美韩之间都是领导与被领导的关系。当时，中国与苏联的同盟也不是平等的关系，苏联在同盟中是老大，但毛泽东就不服气，那不服气就分开了。所以，毛泽东时代的外交，一切努力都是为了求生存，但这实属无奈之举。

改革开放以后，执政党的工作重心从阶级斗争转向了经济建设，因为我们需要一个和平的国际环境，只有在一个和平的国际环境中才能发展国内的建设。因此，“十八大”以前，邓小平“韬光养晦”的外交取得了很大的成就。1978年改革开放到“十八大”召开，中国从经济如此落后的国家成为现在的第二大经济体；从人均GDP来说，80年代初，我们的人均GDP是不到300美元的，如今已经是8000美元了，这是一个了不起的成就，世界经济史上也从来没有过这样的先例。中国的经济奇迹是不可否认的事实，而这个变化也会影响外交。我们的对外经济，简单来说，分为三个阶段：第一阶段在 20 世纪 80 年代，实行“请进来”政策。因为国家经济落后，所以我们打开自己的大门，让外国资本进入中国市场，如此举措既不会与西方发生冲突，也能促进国内的经济建设。到了 20 世纪 90 年代，对外经济进入第二阶段。中国为了加入世贸组织，又提出另一个概念叫“接轨”，意味着我们改变本国的法律法规和政策使其符合国际的规范。第三阶段从 21 世纪初开始，中国开始“走出去”，这时候就可能与西方发生冲突。中国的资本大多流向那些政治、社会高度不稳定的地区，例如北非。因为中国“走出去”，如果到西方，它们就用国家安全这个理由将你拒之门外。哪怕是到了发展中国家，像缅甸、斯里兰卡等国家，它们也能找到各种理由来刁难你。“十八大”的召开就处于这样的背景下，那外交政策怎么调整呢？我将习近平总书记的外交政策形象地比喻为“两条腿，一个圈”。第一条“腿”，就是和西方大国，尤其是美国，建立新型的大国关系；第二条“腿”，主要针对广大的发展中国家，即“一带一路”的外交战略；“一个圈”，针对我国周边的外交。周边的外交是核心，无论是新型的大国关系还是“一带一路”，都是要为周边外交服务的。因为中国和美国不一样，我永远认为一个国家的外交政策取决于这个国家的地缘政治。美国为什么能当“世界霸主”“世界警察”，就是因为它的地缘政治太简单。美国只接壤两个国家，北边是加拿大，南边是墨西哥，而两个国家都高度依赖美国，它们的经济是整合到美国经济体里面的。但中国不一样，跟中国接壤的国家，再加上周边那些邻近的国家就有几十个，这就造就了中国特殊的地理环境。那么“两条腿，一个圈”的模式基本形成后，我想会主导中国未来很多年的外交关系。

与美国建立新型的大国关系，习近平总书记最担心的就是两个“陷阱”。对内，会不会陷入“中等收入陷阱”；对外，会不会陷入“修昔底德陷阱”？修昔底德是古希腊的一个史学家，他提出了“守成大国”和“崛起中大国”这样一对关系。他认为，当一个新的国家崛起之后，守成大国就会担心新兴大国的挑战。哈佛大学格雷厄姆 · 艾利森的研究小组从 1500 年开始统计，世界上一共有 16 次像美国取代大英帝国这样的权势转型，其中 12 次发生了战争，而幸免于战争的只有 4 次。所以大家说，中美关系的看点很大。这仅有的 4 次，譬如美国取代英国，是有特殊的历史条件的。因为那时，美国与英国的意识形态是相同的，同时由于一战、二战的原因，欧洲没有了领导权，一定程度上是欧洲邀请美国崛起。之后的冷战，则是以苏联解体结束。但是，中国与美国的意识形态不一样，很多人包括美国人都很担心，中美会有一战。但习近平总书记提出了怎样回避“修昔底德陷阱”，不与美国发生冲突，我想这是非常重要的。中国现在确实是第二大经济体，中国的国家安全，真正的威胁只能是来自一个国家，那就是美国。当然，其他国家也可以给中国带来很多麻烦，不管是日本、菲律宾、越南，还是恐怖主义，都可以给中国制造麻烦，但不会对中国的国家安全造成重大威胁。所以习近平总书记提出避免“修昔底德陷阱”，不无道理。

首先，中国和美国并没有直接的地缘政治冲突。习近平总书记说：“太平洋足够大，容得下中美两国！”除非中国要把美国赶出亚洲，否则不可能发生冲突。但中国并没有这样的想法和计划，中国只要求美国在亚洲扮演一个正义的、建设性的角色，这是第一个因素。第二个因素，中美两国双边关系非常好。中国与美国现在的关系和当时苏联和美国的关系完全不一样。美苏当时都是核大国，除核武器互相威慑外，两国没有任何关系，没有人民与人民的关系，也没有贸易关系。在国际层面，中美两国关系更有互动力，中美关系至少有几百个平台在互动，无论是气候、核扩散还是其他重大问题，中美两国之间建立了紧密的合作。G20 杭州峰会刚结束时，一些美国学者朋友和我们交流，他们开玩笑说奥巴马刚当总统的时候有学者建议成立 G2，当时如果中国接受了 G2 的话就没有今天的 G20 了。所以，中美双边关系可能相当于今天国际关系的两根柱子，哪根柱子倒了，这个国际关系的天都要塌下来。所有国家都是相互合作、依赖的关系，像美日、中国与其他国家的关系都是补充性关系，主要关系还是中美关系。那么中美关系的冲突在哪里呢？中美关系的主要冲突在区域层面，这就是所谓周边关系，不是和美国直接的关系，是和美国一些“狐朋狗友”的关系，是和它的盟友——日本、韩国、菲律宾、越南等国家的关系。这可以算是美国犯的一个错误，因为美国与这些国家的同盟关系都是冷战的产物，那时这些小国需要和美国结成同盟来对抗敌人。但是，20 世纪 90 年代初苏联解体以后，美国没有敌人了，美国却没有调整它们的同盟战略，相反还巩固同盟关系。巩固同盟的方式就是寻找新的敌人，中国就成了新的敌人。这就是为什么小布什上台后实行新保守主义，想建立“亚洲小北约”来针对中国。所以，中美之间的关系，也不是国际层面的，或者说不是地缘政治之争，主要是中国和美国的盟友之间的冲突。

其次，中国在周边关系上是否太具有侵略性、斗争性？关于和日本的关系，在钓鱼岛问题上，是日本先挑衅中国，中国只是在一直回应，在这个问题上指责中国是完全没有道理的。南海问题也一样，中国早在“十八大”以前就制定了填岛、填海的规划，只是没有急于实施计划。但是，菲律宾在造岛，越南也在造岛，中国造岛计划实施完全是被动的。当然，美国也没有反对中国填岛，美国只是抱怨中国的填岛速度，因为中国不到一年时间填的面积比越南几十年的还大。

所以，我认为中国和周边国家的关系也是可控的，东海问题就是如此。以前中国在这个问题上一直迁就日本，后来日本要国有化钓鱼岛，中国才出面反对。我想中日最终也不会因为钓鱼岛问题而发生战争，最多只是协商管控。南海问题上中国已经掌握了主动权，因此南海形势大体上是稳定的，小冲突可能会有一点，但大冲突没有。中美都是核大国，美国人不会愚蠢到去轰炸我们填的岛，但是美国也需要一段时间接受南海的现状。现在周边关系中比较麻烦的就是朝鲜核武问题。我认为朝鲜发展核武器以后会是中国的问题。设想一下，如果朝鲜发展了核武器，科技水平更先进的韩国、日本马上也会成为核武器国家。如果允许朝鲜将核武器发展下去，这会使得中国的周边外交变得很棘手。周边外交还有一个问题就是南海问题引起的东南亚问题，而东南亚国家在战略上又紧跟美国，在经济上又与中国有密切的贸易往来，这使得中国与东南亚的关系变得很微妙。中国当然不欢迎也不接受一个针对中国的团结的东盟，所以中国一方面要显示出自己有能力去分化东盟，另一方面又不能让东盟真的分裂。如果东盟真的分裂了，中国最多只能拉拢两个国家，其余的八个国家都会紧跟美国和日本。这个问题很现实，所以说中国的外交不好做。

那么如何去缓和周边外交局面，现在我们能做的只能是稳定周边外交，因为想让美国接受中国的大国地位还需要中国的继续发展。当然像与印度之类的一些冲突都还是可控的，它们会给你制造很多麻烦但不会构成很大的威胁。而周边外交处于迟滞的状态是很难突破的，在这个情境下，“一带一路”就起到了很大的作用。“一带一路”实施到现在已经三周年了，“一带一路”沿线大部分都是发展中国家，甚至很多国家经济十分落后。这些国家需要发展经济，但因为其中很多国家都是以前西方的殖民地，西方帮助不了它们，这时“一带一路”就起到很大的作用。第一，改革开放以后，短短30年中国就从一个资本高度缺少的国家转变为世界第二大经济体，有资本支援它们的基础设施建设；第二，我国产能巨大，能在短时间内完成大规模的基础设施建设；第三，我国技术水平高，我们现在是基础设施建设最好的国家。这三点以及“一带一路”政策都是发展中国家所需要的。20世纪80年代，我去美国留学的时候惊叹于美国的高速，但现在我从波士顿坐火车到首都华盛顿需要8个小时，如果换成中国的高铁可能只需要2个小时。所以，可以看出中国的基础设施建设技术是真的很先进，广大的发展中国家需要这一技术来支援它们的基础设施建设。

当然，习近平总书记提出来发展“一带一路”使得世界经济占比平衡是他理论的又一提高，因为这是中国的国际责任。如果只有本国发展起来了，其他国家经济依然落后，你就很难有长远的发展，所以“一带一路”建设很重要。关于“一带一路”建设，中国有能力做但也确实不好做，因为“一带一路”沿线那些国家也受地缘政治的影响。“一带一路”国家可以分为三个群体：第一个群体非常支持中国的“一带一路”建设，像老挝、柬埔寨、巴基斯坦等，因为它们能从中获得很多利益；第二个群体是反对的群体，因为这对它们构成了一个地位的冲突，如美国、日本等；第三个群体就是中间派，是否支持只与它们的利益相关。因此，我们对“一带一路”的建设还在构思和完善，毕竟大规模的基础建设涉及方方面面的因素，还要考虑国家安全。广西代表团来新加坡访问时提出，要造一条从广西沿路经过云南、越南最后到达新加坡的高铁，我说他们的想法不太可能实现，首要问题就是越南不会允许中国从南到北穿越它的国土修一条高铁。当然，国家安全问题涉及的不仅是本国的安全，还有其他国家的安全。例如，中国去年拟了 58 个大项目给斯里兰卡，结果新总统一上来把项目暂停了。不是说中国对斯里兰卡的国家安全构成威胁，而是印度担心中国通过这些项目会威胁到印度的国家安全，所以印度向斯里兰卡施压停掉这些项目。另外一个案例就是缅甸，缅甸和中国政府签订协议，同意中国在那里修水电站，但修到一半项目暂停了，也是这个原因。其实也不是因为中国会对缅甸的国家安全构成威胁，而是美国、日本担心一旦中国这么大一个工程在缅甸完成了，缅甸的地缘政治就会受中国制约，从而对美国、日本的利益造成影响。

当然，三年过去了，"一带一路" 建设还是卓有成效的。第一，现在"一带一路" 在世界范围内已经成为一个广为人知的概念。但是，如何使得成效更为显著，那就是让中国 "现实主义" 一点。所以，我提出 "化大为小、化近为远" 这样一个策略，就是说能做什么就先做什么，不要想着只做大项目，毕竟大项目也不好操作。"一带一路" 其实不仅仅是一个经济上的项目，它还存在战略上的考量。因为 2008 年经济危机以后，世界经济萧条，从而导致全球化程度快速下降，从中国与欧美的贸易数据中也可以体现。2014 年开始，全球贸易量开始小于全球 GDP 的增长，这样全球化的速度就下降得非常快。从前全球化都是欧美来引导的，现在欧美引导的全球化发生问题了，那么中国能不能通过像 "一带一路" 这样的项目再次启动全球化，这个非常重要。但是，中国不能重复欧美全球化的道路。以前西方的自由贸易是它们的一个软力量，但是我们可以注意到，美国总统的选举从来不提 "自由贸易"，因为现在自由贸易已经从一个软力量变成一个肮脏的词了。全球化为世界创造了巨大的财富，但这些财富，在国家与国家之间，地区与地区之间，群体与群体之间，分配是高度不均匀的，全球化是少数人的极端富裕，很多老百姓从中获得的利益少之又少。因为如果政府没有合理分配的能力，全球化就很难继续进行，所以中国的“一带一路”是有希望以一种新的形式给全球化带来动力的。第二，中国的“一带一路”推动其他国家经济发展的方式与自由贸易不同，是通过支援基础设施建设来实现的，如公路、医院、学校、体育馆等公共设施，成果可以为老百姓所共享。“一带一路”被一些西方人士诟病，认为我们搞新的帝国主义、殖民主义，但对于我们来说，国有企业的投资者到外面去投资，我们也有很大的经济损失。我们一直强调全球化是资本“走出去”，但其实全球化远不止如此。学过历史的都知道，西方是如何打开其他国家的大门的，鸦片战争是怎么来的，所以我认为西方早期的资本积累就是通过实行殖民主义制度获得的，英国的殖民地遍布整个东南亚。我们现在讲“国际法”，而第一部《国际法》的产生，是由于荷兰占领东南亚以后，欧洲公司之间发生了各种纠纷，为了解决纠纷才制定的。另一种方式就是实行帝国主义，欧洲国家是以枪炮打开别国的大门的。而中国改革开放至今将近四十年了，中国“走出去”也三十来年了，中国的经济发展，最起码到现在为止都没有用过一枪一炮，而是用国际合作来“炸”开别国的大门。回顾历史才能理解我国如今的处境，才明白现在中国资本“走出去”非常难。除了西方发达国家用国家安全的借口将我们拒之门外，发展中国家也有它们的地缘政治影响。习近平总书记也在多个场合强调了“一带一路”的重要性，并将其视为中国外交战略的关键组成部分。在“十八大”之前，民间对这种带动发展的做法也有很多其他说法，例如“印度洋大通道”“桥头堡”等，这些说法很多都是日本创造的，而“一带一路”极具中国特色。这是我们中国古代和平的、友好的一部分文明，我们自己的文明也是在进步的。

整体说来，“两条腿，一个圈”的大格局基本上形成了，我也相信大体上会成功。习近平总书记多次在不同场合强调要避免犯“颠覆性错误”。如果能够维持这一格局，基本上中国能够维持至少 15 年和平的国际环境，15 年之内中国若能实现可持续的经济发展，只需要 6% 至 7% 的增长，中国就会变成一个强国，真正的强国。正如习总书记所说的，你们现在年轻啊，肯定能够见到这一天的到来的。时间很快的，我 19 岁离开浙江的时候，那是在 1981 年，你看一瞬间已经多少年了。15 年，我想你们这些年轻人再过个六七十年都没问题！所以现在看来，“两个百年”也并非空想，第一个“百年”再过五年就到了；第二个“百年”在 2049 年，也在不远的未来。第一个“百年”就是全面建成小康社会，小康社会的实现就相当于每隔五年人均 GDP 上涨 6.5 个百分点，这个目标每年一千万的扶贫就能够达到。所以我想，第一个百年是习近平总书记必须要完成的使命，第二个百年就需要下一代人去实现了，而最重要的一点就是不要犯颠覆性的错误。国内若能实现从一个中等社会经济体向一个高等收入经济体的转变，和平的国际环境也不是不可能，中国越强大就越有能力维护国际和平，所以我们完全可以以乐观的态度去面对未来。

庞升东

1977 年生于浙江天台，1998 年毕业于宁波大学经济管理系，2011 年毕业于长江商学院，获硕士学位。2005 年创建 51.com、2345.com。51.com 致力于网页游戏和手机游戏的研发。2345.com 致力于网址导航、互联网消费金融、移动与软件等的研发，覆盖互联网用户超过 2.6 亿。

2006 年开始，先后获得中国互联网创新人物奖、中国 IT 财富 CEO 奖、艾瑞新经济年会最佳年度人物奖、上海 IT 十大青年新锐奖。2012 年入选《财富》杂志（中文版）公布的“中国 40 位 40 岁以下的商界精英”榜单。

自 2008 年汶川地震起，持续向抗震救灾、重大疾患、促进教育公平等公益组织捐赠。2015 至 2016 年间，签约捐资建设宁波大学真诚图书馆、设立真诚读书基金、最美宁大人“2345.com”育人奖、教学改革与创新基金、职业生涯规划基金，累计达 4300 万元。

真诚就是一切

庞升东

◎ 2017 年 3 月 31 日，第 186 讲

今天，我深感荣幸，能够再次踏入这片我熟悉的场地——锦绣活动中心。这里是我上学时经常来的地方。我很高兴能在此与母校的同学们进行交流，也特别感谢冯校长，我读书时代的老师、师母以及我在宁大的校友可以来到现场。我想从一个新的、坦诚的角度，分享我的故事和经历，分析我为何能赚到钱，以及为何没有赚到更多钱。

1995 年，我入学浙江水产学院，后来随着三校合并，我成为宁波大学的学生，住在靠近锦绣活动中心的宿舍楼。1998 年，我从宁波大学毕业，我的职业生涯始于一家由马云先生创立、总部设在杭州的小型互联网公司。作为业务员，我主要负责为企业提供注册咨询和网页设计服务。然而，这家公司最终未能成功，马云先生随后创立了阿里巴巴，部分原公司员工也随他加入，也就是“十八罗汉”和最初阿里的合伙人。当时，我还差点和宁波水利局签订劳务合同，后来还是决定去做待遇差不多的业务员，都是 600 块钱。

1999 年，由于觉得薪资较低，我意外地接触到了宁波信息中心，这是前计划经济委员会下属的事业单位，每月工资 1300 元。我在那里工作了两年多后决定创业，在宁波成立了中国第一家网上证券顾问公司。因为我在信息中心工作期间学会了制作网页，还会使用 Photoshop 和编程软件，在当时的互联网泡沫期，我们通过做广告获取了一些收入。

到了2004年，我做了一个网站叫“2345.com”。昨天查了一下“企信通”平台，我发现自己从2001年创业到现在已经创建了43家公司。我还创办过一个公司，叫作“宁波联合信息技术公司”，做类似QQ空间的业务。运气比较好，后来“2345.com”公司做起来了，2014年成功在A股上市，现在有大概230亿市值。这几年总计对外捐赠了1亿多元，主要是三个地方，分别是宁波大学、同济大学和爱乐基金会。最近三四年主要是投资了传媒、互联网娱乐和游戏行业的项目，目前也有相关的公司在筹备上市。

我的出身其实非常普通，在学校期间我收获颇丰，因此大学对于我来说是人生中的一个重要阶段。我昨天晚上翻到了很多以前写的东西，其中有一些总结得失的文章，思考了自己哪些方面做得比较好，哪些事情能让我有机会赚到钱，什么地方做得还不够好，使我错失了哪些机会。

第一，我认为上进心是至关重要的，你得先设定一个小目标。刚毕业时，我就有了一个小目标：在毕业三年内赚到100万。但我没对几个人说过。在那个时候，100万无疑是一个巨大的数字，我们一学年的学费才500元，而我每个月的日常零花钱也仅300元。

我的第一份工作工资只有600元，当时租的房子是40多平方米，按照市价能卖10万元。在那个年代，10万块钱是可以买房的。1998年那会儿，房价大概是1000元/平方米。也就是说，我的目标相当于要工作三年，不向银行贷款，买十套房子。尽管当时我的亲人和女朋友都不相信我能做到，但我必须承认设立的这个目标对我的人生产生了很大影响。后来我觉得600元的工资太低了，给自己的最低要求是800元包住房。虽然又碰巧找到了一份1300元工资的工作，但好像离100万还是很遥远。紧接着我就开始做个人网站，那个时候大概一年可以赚几万块钱。到了第二年更是有了明显的增加，所以我一直认为有目标对决策影响很大。

在大学毕业时，大家都会在毕业纪念册上写一段话。我当时的署名是安家集团董事长，因为我认为未来最有前景的产业就是房地产。我在大学期间也写了大概四十页的商业计划书，其中的内容就是如何把安家集团做大，从哪里做起，怎么做。我最开始想从房产中介做起，当时房产中介大多数是老太太在小黑板上写房子出租这类的信息。我就从关注这些中介公司开始。当时宁波有一家挺大的房产中介公司，我就想办法通过各种渠道去打听他们公司的经营状况。当时其实消费开支最大的地方就是买房。那个时候还没有商品房，房子的产量还比较少，销量也比较小。但我发现当时全球排名靠前的老板大多数是搞房地产的，尤其香港的富豪，一半以上都是从事房地产的。因此我觉得我们可以想象中国未来也会一样，房地产将成为最大的行业。但后来我还是开始做互联网公司，公司小有成就后，我们就准备把公司搬到上海去。虽然公司规模不大，但是一年也能赚好几百万。

2003 年和 2004 年，我们寻求更大的商机，并进行了诸多尝试。起初，我们涉足视频网站领域，比优酷、土豆和爱奇艺等公司都要早很多。后来我们开始做“58 同城”。在宁波地区发展这些业务时，我们面临了人才不足的困境，因此决定迁往上海。当时，我们的目标是 5 年内赚取 10 个亿。尽管在上海的投资只有 2000 多万，但我们还是迅速吸引了大量优秀人才，从而奠定了较高的起点。经过大约一年的时间，我们看中了 Facebook 的市场潜力，找到了最适合我们的业务方向。我们从 2005 年开始学习并开发社交网站，创立的公司“51.com”成功融资 7000 多万美元。尽管当时腾讯的市值也仅为 10 亿美元，但我们仍然希望达到其高度。然而，这对我来说是一个巨大的挑战。因此，我选择了更为实际和盈利的网址导航项目。这个项目一直为我们带来稳定的收入。在建立商业化网站体系的过程中，我们整合了包括同行在内的 100 多家公司。

总之，成功的道路始于目标的设定。尽管我们可能会在挫折中暂时遗忘这些目标，但它们的存在始终对我们的人生产生深远影响。例如，在 2006 年和 2007 年，我设定了一个宏大的目标，即建立一个价值 50 亿美元的公司。在当时的环境下，这个目标显得非常遥远，随着时间的推移和遭遇的困难，我逐渐忘记了这个目标。直到后来翻阅过去的记录，我才重新意识到，自己也曾有过如此雄心勃勃的梦想。因此，我坚信，设定目标对于人生具有极其重要的意义。我在大学期间就做了一个职业生涯规划，思考未来我要去做什么，我的目标是什么。

第二，我们要勤于交流、思考和总结，向成功人士学习经验，感知社会。听讲座也大有裨益。在大学时，我通过听讲座记录了大量笔记。我们要有一些社会敏感性，掌握一定的人情世故很重要。在经营企业时，与政府和各种单位保持良好的合作关系也至关重要。

在创业的过程中，即便是那些看似简单的选择，其实背后都有坚实的理论依据。当我看到有些人赚钱容易，我便尝试跟风，心里想着也许我也能复制他们的成功。然而，我也明白，成功并非一蹴而就，他人也并非始终盈利。因此，除了模仿他人，我还需要制定自己的策略，坚定地投入学习和交流。当看到他人遭遇失败时，我意识到要将全部金钱和精力投入某一件事，确实需要极大的勇气。比如，在涉足社交网络领域时，我们进行了长时间的研究，这需要丰富的理论知识、强大的学习能力、出色的数据收集能力和逻辑梳理能力，以便从多个重要角度分析该业务的未来前景。

昨晚，我回顾了以往写下的反思总结，深感自己在公司运营中的不足。首先，我的细节把控能力薄弱，意志力也相对欠缺，时常分心，并且不能有效地利用时间，多数时间被无谓消耗，这成为我创业过程中的一大阻碍。其次，我的决断有时过于鲁莽，导致我投资的公司中有多家因决策失误而关闭，若当初审慎行事，或可避免这些损失。我意识到，要成就一番高收益、高绩效的事业，必须在发挥自身特长的同时，不断改正缺点。决断力和行动力固然重要，但过度使用则可能适得其反。在投资决策上，我时常缺乏一个完整的流程，忽视了律师和会计师的专业调查，导致许多冲动的决定。此外，在与腾讯等强大对手竞争时，我意识到自己的成长速度滞后，这在竞争中形成了明显的差距。

第三，我们需要不断提升自己。与任正非这样的顶级企业家相比，我们的境界可能还不够高。任正非即使只有1%的股份，仍然充满工作动力，这源于他强烈的历史使命感和社会责任感。这种境界使他能够赚取更多的财富，成为社会的佼佼者。虽然我们很难达到任正非那样的境界，但我们可以努力在其他方面提升自己。例如,我们可以通过训练提高自己的智力和行动力。

我之前和一位公司高管聊兴趣爱好,他说他的兴趣爱好是无目的旅行。比如说现在是晚上的七点三刻,他回房间拉了一个行李箱就出发了,并不知道目的地是哪里。我说我也是这样,这也是我最大的爱好。在宁波大学读书的时候就喜欢骑自行车到处走走,并不知道去哪里,可能累了就停下来休息一下。我也经常在草地边上睡觉。后来有了汽车之后也喜欢瞎逛,去全国各地瞎逛。比如,我开上高速到了一个路口,我会决定在这个路口下车,还是继续往前走。刚才说到的这位高管,虽然工作繁忙,但仍然热爱无目的旅行,这种对生活的热爱和追求可能正是他成功的原因之一。实际上,我曾经认为自己的执行力不够强,但现在我已经能够高效地完成任务。这种成长和变化证明了我们每个人都有潜力取得成功。因此,我们应该对自己充满信心,不断追求进步和成长。

我经常有一半的时间都在全世界各地工作,并且越来越觉得中国的市场和机会非常难得。因为中国已经成为全世界最大的销售市场,我们的消费能力也达到了一个不可思议的水平。如果你去东南亚的国家,你就会发现他们每个国家的人均 GDP 都只有两三千美元,比不过中国。另外,大家可能很难想象,现在有很多人都想要移民到中国,因为中国真的有很大的发展潜力,我们有着非常光明的未来,尽管在这个过程中还是会有很多的挫折。我们要坚定地继续做好市场经济,这是一个很明确的方向,努力让我们自己成为稀缺资源,成为所有人想要争取的力量。

最后,我想向大家推荐一本历史类图书,这是我最近几年看到的最好的一本,是由享有世界声誉的历史学家威尔·杜兰特和其夫人阿里尔·杜兰特写的《历史的教训》。大家有时间可以去阅读一下。

蒂姆·亨特

英国癌症研究中心荣誉退休的“首席科学家”。生于1943年2月19日，在牛津长大，1961年赴剑桥学习自然科学，并于1968年获得生物化学博士学位。同年至1970年，他在爱因斯坦医学院担任博士后研究员。1982年，他发现了细胞周期蛋白，因此与利兰·哈特韦尔及保罗·纳斯共同获得2001年诺贝尔生理学或医学奖。

亨特博士积极参与科学界活动，担任过多个科学咨询委员会成员，并在全球范围内参与实验室咨询工作。他曾任生命科学小组主席，并担任过欧洲分子生物学组织委员会主席。他现在是欧洲科学研究委员会成员。

亨特博士是英国皇家学会会员、英国医学科学院成员、美国国家科学院外籍院士、欧洲分子生物学组织成员、美国艺术与科学学院外籍成员以及欧洲科学院成员，并于2006年6月被授予爵士称号。

如何获得诺贝尔奖：细胞分裂的秘密

蒂姆·亨特

◎ 2017 年 4 月 16 日，第 187 讲

非常高兴来到这里，我也非常感谢主办方邀请我来到这里做这个讲座，我非常喜欢中国，一部分原因是我非常喜欢中国的美食，还有一部分原因就是对中国的宋瓷十分感兴趣。今天晚上我将在这里做一个有关科学的讲座，这是一个自传式的科学讲座。我讲座的题目是"如何获得诺贝尔奖：细胞分裂的秘密"。在这方面，可以说我现在就是一个"活化石"，因为我在很多年前就积极投身于科学研究事业了。

我认为大家都应该把诺贝尔奖设为自己的目标，特别是在生理学和医学领域。这个领域的科学家就应该将做出重要的发现作为自己的目标。了解人类未曾深入的领域，是非常高尚的事，也是非常值得追求的目标。所以，将诺贝尔奖作为自己的目标是没有任何问题的。"基于伪逻辑的毫无边际的猜测"，这是一个评论家对我的论文做的论断。这就意味着就算你真的有了新发现，人们也并不一定会认同。在我的工作过程中，我发现很多人会固守旧的理念，可能因为接受新理念对他们来说是很痛苦的。所以，如果你真的有了新的想法，你就要找到很多证据来证明它，而不是说服别人。

我是在牛津长大的，牛津是很多学者曾经生活的地方。我的父亲是研究中世纪的历史学家，他的朋友也大多是历史学家，我从小就生活在历史学家的手稿当中。曾有一个著名的发现就是我父亲做出的，他在一本书的空白处发

现了一位著名诗人的笔记，而他也是唯一一个识别出笔记主人的人。但是，我其实一点也不擅长历史学，拉丁语和希腊语也学得很糟糕。这两种十分古老的语言很难学习，但只有学会这两种语言，才有可能理解这些手稿。幸运的是，在我 12 岁时，我的科学老师发现我在生物方面是非常有天赋的，而且在全校的考生中，我的成绩也非常好，科学成绩更是名列前茅。那时候我就有了成为一个生物学家的目标，所以我非常感激他。他是一个非常伟大的老师，也很了解小男孩的爱好和兴趣，比如爆炸或者用无线电操控的船。他本人就是无线电遥控领域的专家，我也从他那里学到了非常多的知识。

后来，我非常幸运地被剑桥大学录取。剑桥大学是一所非常优秀的学校，相比于牛津的人文气息，剑桥产出了许多科学家。那里其实就像是一个科学圣地，因为曾经有非常多具有深厚影响力的科学发现是在那里做出的，包括牛顿定律、麦克斯韦电磁方程组，还有科学家在那里发现质子、中子、原子是可以分裂的，以及 DNA、蛋白质的结构等。因此，我处在科学气息十分浓厚的环境当中，也更好地了解了自己，发现自身的优势。当时，我们都推崇这些伟人，并且学习他们的精神，他们都是伟大的科学家。

因为我对生物、化学比较擅长，所以我一直专注于生化领域，同时我也非常幸运地进入了生物化学系工作，在其中学习知识并且收获颇丰。我是做分子化学研究的，这是一项非常有挑战性的工作，在那里我与保罗·纳斯等人一起工作。保罗·纳斯是一位非常伟大的科学家，并且因为发现细胞周期的关键调节因子而获得诺贝尔奖。他经常鼓励年轻人去了解自己感兴趣的事物。保罗·纳斯利用遗传学和分子生物学的方法做研究。他不仅有着非常超前的想法和远见，而且也很自信。他认为可以从术语的角度来理解生命，这一观点当时很多人是不接受的，因为他们觉得生命是比较神奇、神秘的。那时，我在那个系读研，在我迷茫于学科的选择时，我就去请教了我的导师，他是我非常敬佩的人。我请教他我应该做什么研究，他建议我去图书馆发现问题。因此，我就去了图书馆。幸运的是，我发现了问题，这是一个非常好的问题，也是当时我能够理解的问题。但是，我并没有解决它，因为我运用了一些错误的实验方法和原理，比如说小老鼠实验。

我是从那年 10 月份开始着手研究这个问题的，到次年 3 月也没有很好的进展。那时，我第一次参加了一个科学会议，会议上研究蛋白血红素的科学家做了一个主题演讲，向我们解释血红蛋白以及氧合血红蛋白的变化。他与我们分享了他所研究的内容：我们的身体需要铁元素，铁原子与氧气结合，使血红蛋白能够有效地携带氧气，而这一过程如何跟血红素的合成相协调呢？我对他的研究很感兴趣，但是那时我还不知道这将会是我未来十年的研究课题，他给我提供了一种假设，即铁可以控制蛋白的一些合成。我回去就跟我的同学分享了这些内容，但我们发现其实他对实验数据的分析并不完全正确，我们认为能够做得比他更好。我跟一个美国人一起着手研究这方面的内容，他了解这些细胞的结构，以及人体血红蛋白合成的一套完整系统。

有了这一发现，我在博士期间的研究是比较成功的，我认为这是通过合作才能达成的。我的一个合作伙伴跟我也成了多年的好友，尽管我们不经常碰面。我过去住在伦敦，现在住在冲绳，他则生活在希腊的北部。他比我年长，也是医学部门的主任，是位非常有威严的学者，使我们成为好友的契机就是我们对血红蛋白的合成以及控制都非常感兴趣。我研究的是细胞中蛋白质的合成，不需要完整的细胞来实验，将它们分割开，就能看到细胞里面其实就是合成的一些蛋白质，有足够的能量产生的同时留下了血红素。实验室为我们提供了非常好的设备来分析其中的机制，即如何控制血红蛋白的合成。我有着旺盛的好奇心，与很多年轻的科学家一起对实验进行进一步的探索。我们在其中有了许多新发现，他们催化了细胞里面蛋白质的合成，发现双链 RNA 可以通过触发蛋白质干扰素的产生来抑制细胞里面病毒的复制，比如流感病毒的复制，双链 RNA 对蛋白质的抑制非常有意义，血红素也可以通过负反馈调节机制抑制血红蛋白的合成。

此外，我们发现添加太多双链 RNA 就不会产生抑制作用，因为太多的双链 RNA 会阻止蛋白质的合成，这是另外一个很有意义的发现，后来我们也将这一发现写成论文发表。当时要发表论文不是那么容易，我就回到剑桥跟其他人合作，并在蛋白质控制领域做了很多的研究。1974 年，我们的实验室被烧毁了，这对我们来说是再好不过的一件事了，因为这样我们就可以去一个新的实验室工作。这个新的实验室和 Max 生物分子实验室非常近。那个实验室的负责人对我们非常好。他说可以用他储存的材料，更重要的是可以在他们的餐厅吃饭。我们在那里见到了很多非常优秀的科学家。同时，我们大学也有很好的保险政策，我们的设备可以全新购买，并且当时我们的研究其实进入了瓶颈期，这一起火事件恰好给我们提供了一个缓冲期。

再回到我们的实验，大家应该很熟悉 SDS（十二烷基硫酸钠），我们每次洗头发的洗发水中就有这个，顶部是大蛋白质，下面是小一点的蛋白质，它的分子量是 35，我们用放射性磷来进行标记，使得磷脱落，将带有放射性的磷酸基团转移到另外一个蛋白上面，我们把这一过程称为磷酸化。SDS 聚丙烯实验就是最直接的蛋白体外磷酸化检测方法，我们通过观察这一实验发现，磷酸化可以抑制酶，蛋白质磷酸化在细胞的形成过程中是非常关键的。

这其实是一个很大的突破，我的团队大概有 15 个人，都参与了这一发现的过程，每个人都觉得很自豪。当时是 1975 年，我们花了差不多 7 年的时间做这个研究。当时我们举办了一个研讨会，在我的经验里面这种科学研讨会是非常有用的，我们请了研究海胆卵蛋白质合成的科学家来参会，还邀请了另外一位科学家，这位科学家对我们的研究非常感兴趣，他说想在剑桥骑自行车，还询问我们在哪里可以借到自行车，我便把自己的自行车借给他，因为这辆自行车我们成了好朋友。他邀请我去伍兹霍尔海洋研究所学习胚胎学，还可以做海胆卵的实验，我立刻答应了。暑假的时候我就去伍兹霍尔，一般是 6 月到 8 月在那里工作，9 月再回剑桥。这是一个非常美丽的地方，可以吹到海风，还很容易找到海胆。我们提取雌性海胆的卵，用电击的方式刺激它排卵。其实我们通过外观没有办法区别海胆是雌性的还是雄性的，但是在电击以后可以看到雄性海胆有精子。我们再将雌性海胆排出的卵进行授精，就可以看到受精卵的蛋白质合成率比未受精的高很多，并且受精后 5 到 10 分钟，蛋白质的合成率大幅增加。什么促使这个过程发生呢？当时我们进行的就是这个研究，这个研究我承认不太成功，但这确实是很有意思的问题。后来，我们又发现受精的海胆卵开始细胞分裂，而且分裂的速度非常快，细胞越来越多，最终这些细胞就会成为一个新的海胆。那时我在这方面没有太多的想法，因为我们很难控制细胞的合成。

两年后的一个下午，约翰·格登在伍兹霍尔做了一个演讲，他讨论的不是海胆卵，而是青蛙卵细胞，青蛙卵细胞成熟以后是最大的细胞，实验中通过黄体酮来激发其活性。我们在实验当中把黄体酮注射到白细胞里，白细胞上出现了白色条纹，这个白色条纹是非常重要的，这个条纹代表这个地方有 MPF（成熟促进因子），这是一种酶，可以催化细胞的分裂。我对这个分裂感到非常惊讶，但当时我还不知道这种因子是什么，只是觉得它看起来像蛋白质或者酶，因为细胞的分裂是非常复杂的，我们很难了解分裂的过程。但是，我们发现，细胞分裂的时候一直可以看到相关因子，细胞不分裂的时候就看不到，这一现象引起了我的兴趣。于是，我猜测海胆卵是不是也有 MPF？我们后来发现人的细胞也有 MPF，我就对这个 MPF 非常感兴趣，特别是关于什么能够激活它、什么能够使它停止作用。但是，这并不是我的项目，我也没有解决这个问题的方法，于是我就开始学习和了解细胞分裂和它的控制机制。

学过生物的肯定知道，1953 年科学家发现分裂过程中有 DNA（脱氧核糖核酸）复制的过程，之后染色体会分离，分离到两个子细胞当中，这之后有一个间隔，在 DNA 合成之后又有另外一个间隔，再进行下一个细胞分裂的周期。可以发现这里有几个很有意思的控制点，首先是开始生成 DNA 的时候，一旦 DNA 开始形成就不能回头了，因此这是细胞周期很重要的步骤。其次，有丝分裂开始以后就无法返回，染色体分离之后的这个过程是不可逆的。这时候，我们开始明白细胞的分裂是一个非常复杂的过程。

关于海胆卵还有一些有意思的发现，我们知道卵母细胞并不会受精，但是细胞也会开始分裂，这个过程比较慢，两个、四个、八个、十六个 …… 实验中，我们将海胆卵混合起来，而且继续旋转，使得它们处在相同的环境，观察发现所有的细胞差不多在 5 分钟之内进行细胞的分裂，第一个分裂是一个小时，接下来每 30 分钟海胆卵就会进行分裂。

1982 年，由于对于蛋白质合成的研究不是很成功，我开始阅读关于人工的单性生殖和受精的一本书。我是由对天主教有虔诚信仰的父母抚养大的，所以非常相信单性生殖。我继续对细胞的分裂和控制进行研究，通过一种放射性的硫，检测到细胞分裂过程中蛋白质的合成及增多，到最后消失的过程，所以将它命名为细胞周期蛋白。这一过程与细胞的分裂也是同时进行，在细胞分裂之前进行了 5 到 10 分钟，或者在染色体产生前 16 秒钟发生。一般人对于蛋白质的消失是难以置信的，觉得这一现象与细胞分裂是无关的，但其实其中是有联系的。而细胞的周期是怎么样的呢？细胞周期的起始，是 CDC28 基因阻止了 DNA 的复制。受到 Lee Hartwell 的文章中关于芽殖酵母中 CDC（细胞分裂周期）突变体的分离的深刻启发，我开始在裂殖酵母中分离 CDC 突变体，分离出了一个小型突变体。如果正确的话，这个小型突变体正在定义一种细胞周期控制机制。我们发现，在细胞周期中，包括细胞分裂的时期，这样一种突变是受调控的变异，如果没有变异的话细胞没法分裂，变异可以加速细胞分裂。

另外，我们发现 MPF 可以推动细胞周期的进行，但当时并不知道 MPF 是什么，现在明白了它的成分与机制十分简单。我也并不能很好地解释这些酶是如何催化许多生化反应，确保细胞分裂顺利进行的，因为很多细节都是未知的，比如 CDC2、细胞周期蛋白 B 可以推动细胞进入有丝分裂阶段，而我就要研究哪些成分影响了有丝分裂，或是哪些成分改变了染色体等。其他科学家们也在进行相关的研究，我们知道要进行成百上千次的磷酸化才能得到细胞周期蛋白，我想留下这个问题，有丝分裂中有很多细胞周期蛋白，它们之间是否有间隙？

在过去的 5 年我们也研究了有机酶的调控、磷酸化的调控，虽然过程很复杂，但原则是非常简单的。就像水龙头，水龙头好比有机酶，下面这个塞子就是磷酸酶，用这个例子就可以理解两者之间的关系。我分享这个故事只是想告诉同学们，非常重要的科学发现是意外得来的，所以好奇是科学发展的原动力。其实科学研究的方法，本质是很简单的，所以我们需要的其实是勇气，还有一种怀疑的精神，要带着怀疑来探究，你必须要自我怀疑，同时又充满好奇心。

最后我要说的是不要害怕面对无知或者未知。谢谢你们的倾听！

赵季平

中国杰出作曲家，现任中国音乐家协会名誉主席等职，曾担任西安音乐学院院长和中国音乐家协会主席。他创作了大量优秀音乐，包括交响乐、民族管弦乐、协奏曲等，曾为多部知名电影，如《黄土地》《红高粱》《霸王别姬》和电视剧《水浒传》《大宅门》等配乐。赵季平获两次中国电影“金鸡奖”最佳音乐奖、法国南特三大洲电影节最佳音乐奖、四次中国电视“金鹰奖”最佳音乐奖、六次中宣部“五个一工程”奖。他被誉为最具中国风格和民族文化精神的作曲家之一，活跃于世界乐坛。其音乐作品展现了深厚的中国文化底蕴，受到国内外高度评价。赵季平对中国音乐的发展作出了突出贡献，是一位具有国际影响力的音乐大师。

音符铺就的心路 —— 漫谈我的音乐创作

赵季平

◎ 2017 年 6 月 7 日，第 190 讲

我很高兴有机会来到宁波大学，来到校园中和莘莘学子见面，说说家常，讲点儿心里话。我在西安时就听说过这个讲座，主讲嘉宾都是来自全国各行各业的代表性人物，到今天已经是第 190 期了。“名家讲坛”的这句“做人做事做学问”非常好。对于学生来说，在学校里求学，不管学到什么程度，第一是做人，然后才是做事，再到做学问。但学问高到一定程度后，还是看你的做人。尤其是艺术，它更讲究对一个人品格的要求。如果人的品格上不去，你的艺术品格和作品品格也会受到很大限制。

我生活在被誉为“十三朝古都”的西安，那里的文化积淀非常丰厚，有无数老祖宗传下来的文化瑰宝。我小时候住的地方，现在已经成为一座国家级重点博物馆 —— 西安碑林博物馆的所在地。这座博物馆保存的石刻都是中国历朝历代顶尖书法大家的墨宝。我从小就在其中穿梭、看、摸，在这样的环境中成长。另外，我来自一个美术世家，我的父亲赵望云是长安画派的创始人。在我小时候，父亲经常带他的学生们来到家中，于是他们也成了我们家的成员，是我的哥哥们。后来，这些人都成了中国画坛大家，父亲的大弟子黄胄创建了中国画研究院，二弟子方济众创建了陕西省国画院，三弟子徐庶之创建了新疆画院。按理说，我应该对美术有一种天然的追求，但是我从小看着父亲作画，却觉得画里有音乐。我看山水画，一笔下去，它的美里有一种墨韵，中间的

留白和远山近景的构图里有节奏，我的心里就产生了一种好像有旋律在韵动的感觉。

小学三年级营火晚会上，小朋友们轮流说理想。我当时站起来，说的理想就是当一个作曲家。我老做作曲家梦，而且组织小朋友跟我一起做。那时候我就想要作曲了，还召集了一批美协大院的小朋友，把我哼唱的曲调教给他们。我安排他们把羽毛球拍架到脖子底下当小提琴，把大扫把夹到腿中间当大提琴，拿醋瓶子当小号吹，而我手持筷子指挥，就这样做了一个关于作曲家的梦。那时候，连做梦都在想，如何把哼出的旋律变成气势恢宏的曲子，要加多声部，要有乐队。这就是爱，是热爱，是痴迷的爱。

我的小学隔壁有一个延安解放以后成立的西北文艺工作团，它后来发展成了陕西省歌舞剧院，我也没想到后来我会成为院长。那时候，他们没有专门的排练场，摆上乐器，合唱团和乐队就开始排练了。我经常趴在墙头听他们排练，有时候忘记回家的时间，使母亲着急了，还要挨顿打。但我仍然很乐意，很喜欢。除此之外，我们学校对面还有一个很有名的秦腔剧社，叫西安市易俗社。它成立近百年了，鲁迅也在这里看过戏。我们上完晚自习，只要听见锣鼓一响，就知道到第八、九场了，此时把门的也松了。我们互相递眼色，偷偷溜进去看尾戏，那时候唱腔部分结束了，全是武打。

另外，西安还是河南人的聚居区，半个城都是河南人。例如，冯小刚的电影《1942》里，由于黄河泛滥，大批河南人从郑州走过潼关，来到西安。也因此，豫剧在西安广泛传播发展。儿时，我就对豫剧很好奇，对各种音乐充满热爱，不是爱一点儿，而是爱得痴迷。父亲经常让我去狮吼剧团听戏。豫剧的唱腔可真好，听得我热血沸腾。

当时家里很困难，我们兄弟七个，加上三个妹妹，再加上我父亲母亲，全靠我父亲母亲一年办两个画展来养活一家十二口人。不像现在的孩子们学音乐、弹钢琴，不管你爱不爱，给你放一架钢琴，然后拿着尺子逼着你弹。我们那时候，少年宫有一架钢琴，我听见钢琴声后就不愿意走了，扒着窗户听，对音乐充满了渴望。

后来我进入音乐学院附中，开始接受正规训练。我几乎每天弹琴，只要有空闲时间，就会到琴房去。那时没有时间概念，常常是中午十二点半进入琴房，开始弹奏，一转眼就到了天黑。除了弹老师规定的曲目，我还特别喜欢自己创作一些钢琴小曲。当时，我和几个同样热爱作曲的同学，每到星期六放假的时候，就会约好吃完晚饭一起到琴房去，如果不写出一个作品就不能睡觉。我们模仿柴可夫斯基的钢琴曲《四季》，也创作了一个包含十二个月的钢琴曲集。我们还经常看好电影，如果一遍不够，就会看第二遍，然后回家把这部电影的主题音乐连同和声全部扒下来，在琴上还原。

除了老师的教学，我们还通过图书馆音响进行了大量的学习。我们一边听一边研究、做笔记。比如，如果我们喜欢《天鹅湖》，我们就会把《天鹅湖》的总谱，简化成六行，木管用黑色标注，占据两行谱，使用高音谱号和高低音谱号；铜管最响亮，所以用红色标注；弦乐是我最喜欢的音色，同样占据两行谱，用蓝色标注；然后分出打击乐与和声节奏，这些实际上已经超出了老师教授的范畴。

高三时，我和同学为一段话剧配音。他虽然没学过和声，但自学过这些功课，写出了一大段弦乐配乐，包括木管、单簧管和钢琴。最后演奏的时候，当时我们学校作曲系的教授，听完便愣在那儿感慨，怎么能写得这么好。因此，对于自己的事业，必须怀有深厚的、源自内心的热爱，而非外力所迫。当我们以真挚的热爱投入事业时，才能真正地汲取知识。因为在这个过程中，我们会主动思考、积极探索，而不是被动地接受他人的指导。我的导师张肖虎先生说："在声部合理的情况下，任何一个和弦都能过渡到另一个和弦，任何一个音符也能与任何音符连接。"如果像本本主义那样照猫画虎，遵照总结出来的理论创作，是不恰当的。作曲并非全靠教学传授，需深刻领悟和个人体会。

做学问要发自内心，用深情和爱做真实的学问，创作的时候也要秉持真心。但我现在听到的很多音乐，常常让我感觉不到真心，只是浮躁的音符的堆砌，把学到的一知半解的技巧往上堆。没有真心的东西怎么能打动人？所以我认为，我们艺术院校的学生要做到"两手硬"。

首先，要踏踏实实地学习，不能用假学问、假大空的东西唬人。有的人架子摆得很大，活干得却不好，就是因为没有真学问。再者，要有广阔的胸怀，向中国传统民族音乐和民间音乐学习。当我听到民族、民间的音乐，我是很爱的，这种爱不是猎奇似的，而是打心底里面爱。今天有一个记者采访时说："你是西北的，可能对西北的东西更熟悉。"实际上，凡是中国这片土地上的东西我都爱。我非常喜欢江浙地区的民族民间音乐，曾经还用苏州评弹的音乐写了一部协奏曲，并且由澳大利亚悉尼交响乐团首演，全球有很多大乐团的经纪人去听。自 2013 年 10 月 31 日首演以后，演奏家吴蛮就接到了来自欧洲、美洲、南美洲各乐团的委托，请她去演奏这部协奏曲。他们不但都能听懂，而且非常喜欢。后来，我看到一条微博，一位欧洲音乐家说："协奏曲的形式我们非常熟悉，但是这部协奏曲让我们听到了另一道风景线。"吴蛮和指挥家汤沐海曾在卢森堡交响乐团进行演出，当时，演出上半场全是欧洲新现代音乐，下半场是两首协奏曲，一首是现代手法的音乐，压轴的是这首协奏曲。汤沐海还给我打国际长途电话："赵老师，你这部协奏曲是全场最精彩、最受欢迎的。"这大概是因为我用了苏州评弹。严格来说，音乐是有国际性的，乐曲写得好，它的传播能量会很大。但我很遗憾没有亲自参与澳大利亚的那场演出，我很担心最后传过来的录音难以达到预期，但我完全没想到他们把我的所有要求都做到了。

刚才讲的这些都是关于纯音乐的，接下来谈谈大家可能更常接触的影视音乐。其实，我接触影视音乐始于 1984 年。1961 年，我进入音乐学院附中学习专业知识，直到 1970 年才离开学校，这期间我结识了几位好朋友。那个年代，听那些被判定为封建资本的东西是要冒很大风险的，我们只能偷偷听。幸运的是，没被发现。我们经常公开讨论电影音乐的创作问题，交流自己的观点。比如，看完电影后我们会谈到什么场景里有什么配乐，会说如果我们来写，可能会怎么写，如何去思考。

1983 年，我接触到的第一部电影是《黄土地》，导演是陈凯歌，摄影是张艺谋，美工是何群，但何群已经去世了。当时，他们三个人到我家来，张艺谋说：

“赵老师，咱俩是西安三十中的校友，这是我们的导演陈凯歌。”那是我第一次见陈凯歌，他还是一米八四的英俊小生。当时，广西电影制片厂青年摄制组成立，他们想找一个年轻的作曲家，共同完成一部叫《深谷回声》的电影。于是他们听了我 1981 年创作的管子协奏曲《丝绸之路幻想组曲》，现在这首曲子在中国和世界舞台上演出的频率相当高。那首音乐是用盒式录音机录的，音质很差。为了让他们了解得更清楚，我把总谱拿出来了。后来何群还开玩笑，说：“我那时候拿着总谱，从头到尾地翻。反正我们都装着，摇头晃脑听着。”凯歌闭着眼睛听完后眉开眼笑，然后说：“学校老师给我们介绍了三四个作曲家，我把名字给你报一下，你觉得他们怎么样？”其实他们都是我的校友，而且很有才能，都很优秀，我便建议他们都去听。实际上，这是凯歌和艺谋使的一个小心思，说：“咱们得看看他是否小肚鸡肠，为了自己能写曲子，把别人给贬一贬。”我恰恰没这样。我对这些有才华的同学是给予高度肯定的，尤其对那些曲作得好的同学，是很推崇的，所以我大力推荐他们去听。凯歌后来告诉我，实际上他内心早就定下是我了。

正所谓，做人要心胸开阔，要善于学习别人的长处。我们常说文人相轻，可同行之间互相打压并不好。每个人都有自己的长处，只有善于学习别人的长处才能进步。孔老夫子早就说了：“三人行必有我师。”后来我就跟陈凯歌拍《黄土地》，我们一起深入生活，在陕北待了一个月。再后来，陈凯歌拍完电影《孩子王》，打算拍《边走边唱》时，我准备了很多关于陕北说书的材料，包括重要的文献资料和音乐资料。后来凯歌带着瞿小松来了。凯歌说：“小松也不容易，这次就叫他写吧。”我没问题，于是我把这些资料全部给了小松，以便他为《边走边唱》作曲。因为小松也是我的好友，他是一个非常有思想的作曲家。所以，做人要有宽阔的胸怀。像这种情况下，你要把自己收集的资料给你的好朋友，让他去好好地创作一部作品，而不是自己独享。

后来，《边走边唱》拍完了，凯歌说欠我一个人情。于是就有了我为《霸王别姬》作曲。实际上，中国电影在世界上最为辉煌的作品就是《霸王别姬》。我们一起创作了一年半，但录音过程中还是不太满意。后来在影棚里，我说：“给我四天时间，我再调一遍。”四天后，凯歌在那儿拍着腿听，说：“太棒了！”最后，影片拿到了戛纳金棕榈大奖，我们回过头来又看了一遍高清版的《霸王别姬》。我跟凯歌说：“这是咱们的作品。”那种感觉让人很激动。

所以我们在做事上要严谨，做学问上要求真，做人上要求善。

有机化学家，中国科学院院士。国际磷化学学会理事，第七、八、九、十届全国政协委员，1995 至 2000 年任全国青联副主席，2007 年至今任中国空间科学学会空间生命起源与进化专业委员会主任，2008 至 2012 年任中科院化学部常务委员，2014 年至今任中国化学会女化学工作者委员会主任。曾任清华大学生命科学与工程研究院副院长、生命有机磷化学国家教委开放实验室主任、厦门大学药学系主任，现任宁波大学新药技术研究院院长。长期从事生命有机化学、有机磷化学、生命起源、药物化学、化学生物学的研究。2015 年获“国际阿布佐夫奖（有机磷化学领域）”，2017 年获“卢嘉锡化学奖”。

我的回归之路

赵玉芬

◎ 2018 年 4 月 18 日，第 195 讲

十分高兴，今天能够跟各位老师、同学讲讲我成长的过程。

我看在座的大多是学生，我跟你们一样，也是从小学、中学、大学一路过来的，今天我就从童年时代开始，讲讲我的成长故事。

我从事的是有机磷化学方面的研究。现在人们发现火星上有磷，那火星上有没有生命呢？从我们磷化学家的角度来讲，火星上有磷，那一定会有生命。因为我们研究的结论是，没有磷就不可能有生命。很多科学家想要在外太空寻找生命，他们关心的问题包括外太空是否存在水和空气，是否存在碳、氢、氧等元素，还有外太空是否存在磷。所以在发现火星上有磷之后，我们国家也制订了火星计划，这是很伟大的计划。我们年轻的同学，不管小学、中学，还是大学，都可以为中国的航天事业、为未来生命的探索作贡献。

我加入生命科学研究队伍，是怎么一回事呢？这要从我小时候讲起。我小时候是在台湾长大的，曾在台湾彰化田中镇念小学。小学在农村里，我住在乡下的一个食堂里。我排行老四的妹妹，她小学的时候就已经非常努力地打工了，自己挣出了买自行车的钱，从小学就锻炼了自力更生、艰苦奋斗的能力。后来，一九八几年的时候，她到上海投资工厂，算是台湾同胞里最早到上海投资企业的一批人，现在我这个四妹已经是一个企业家了。

然后我再讲讲我的妈妈。我读高一时，爸爸就过世了。妈妈一个人带着

我，还有妹妹老二、老三和老四以及弟弟老五和老六。当然，这么多兄弟姐妹，又是从乡下出来的，我们都只能靠自己奋斗。在上学的时候，我们帮老师做一些事，所以老师也给我们点奖学金。当时要从中学考上大学也不容易，也跟大家一样要经过联考。考完填志愿的时候，我想自己当个老师就可以啦，选择师范大学最好，因为师范大学不用交学费。但是当时有人说，有一个新的大学叫台湾清华大学，考那个大学的人可少啦。我就想着填填看，第一志愿就填了台湾清华大学，把师范放在了第二志愿，结果就考上台湾清华大学了。我考进了化学系，那时候化学系才办到第二届。当时全校女生也非常少，只有 80 个，整个学校几乎都是男生。当然，这是 1971 年的台湾清华大学，现在能上大学的人很多，男生女生比例也都差不多。为了帮妈妈减轻负担，我当家教去教中学生数理化，也帮老师做事或者去图书馆做工，也算是勤工俭学了。所以上大学时，我几乎也没有花过家里的钱。

接下来就是出国。在座的同学可能也有要出国的，出国申请学校要不少申请费。我申请学校的时候，因为有师姐在美国纽约州立大学读书，她让我试试这个学校，我就试了一下。当然也试了几所别的学校，但是这所学校录取我时许诺给奖学金。那去美国的机票是如何解决的呢？当时，有航空公司规定只要有奖学金证明，就可以先给一张机票。我想，去美国的机票是 300 美元一张，如果我到美国有奖学金的话，那么只要每个月节约 30 美元，10 个月就可以还清了。所以我就答应了去这所大学，妈妈也不用花钱去买机票了。

我在美国读磷化学相关的研究生时需要选导师。大家一般都想选一个对学生客气的、为人好的导师，有一位老师自称比较严厉，以至于很多人都不敢选择他。然而最终我选的时候只剩下他了，我就决定选择他，结果发现他其实人还挺好的。在选择过程中，他询问了一些我的基本情况，比如问我父母是否学过化学，我回答说没有。他说，我的化学基础还不错，不用担心。我表示自己的英文可能不太好，但他认为这不是问题，他看重的主要是我的化学能力，英文可以慢慢锻炼。于是他收下了我，我便开始学习磷化学了。正是因为有了这段经历，我才有了今天对磷的专注。这位老师只引导我们入门专业领域，之后就看自己对这个领域是否感兴趣，以及是否能够坚持下去了。你们看，从1971年到2018年，已经过去了近50年。那个时候，我就开始对这个领域产生兴趣，并且一直持续至今，或许将会持续一辈子。

那我为什么回国？1975年毕业以后，我们这些在美国的中国台湾留学生，积极参加“保钓”爱国运动。当时，美国说要把钓鱼岛给日本，很多台湾省学生觉得这是不行的，就去日本大使馆抗议。我们这些参加过“保钓”运动的同学，后来支持祖国统一，就觉得应该回祖国看看。有人说，台湾省的留学生一定不能适应祖国大陆的生活，但我们觉得要去大陆看一看、试一试。所以，1978年很多台湾省的留学生就组团先回国看看。我就回了我老家河南淇县，它在古代叫朝歌，还是商朝的都城，是一个很古老的城市。我1978年回来，和老家的亲人们留下了一张合影。我知道，台湾同胞不可能不适应大陆生活，因为这是我们的寻根之旅。

回来之后，有人问我要去哪里工作，我说我是学磷的，我要去看看科学家杨石先老师。杨老是南开大学的校长，也是当时南开大学和中国化学学会理事长。杨老做磷化学、农药相关的研究多年，基础雄厚，而且整个南开大学优秀的学者非常多，所以我觉得我应该去南开。但是我最后去了中科院化学所。我为什么会决定去北京？1979年，中科院化学所的柳大纲所长说，虽然上海很好，但是上海很远，还没有暖气，北京是首都，那里有中央领导，还有统战部，会把我们台湾同胞照顾得很好。当然最重要的是，中科院为了引进我们这个团队，要买800兆的核磁设备。原本我们回国的时候，化学所只有200兆的核磁设备。当时我觉得化学所有了这两种设备，和国外也没有相差很多，还是可以的，因此就加入了这个化学所。我刚回国时英文还可以，去中科院化学所也是一个好的机遇。在“文化大革命”期间，很多大学没有进行大规模科研，但科学院一直在进行着国家重大的科研计划。因此即使是在1979年，国外科学家、获诺贝尔奖的科学家也都来到了化学所，我理所当然地成了翻译。在那个时候，除了科研工作，我的工作还包括很多翻译的内容。

刚刚提到的柳所长是我们盐湖化学的奠基人。我曾去青海考察，那里有我们国家最大的盐湖研究所，创始人正是柳大纲所长。他是一位杰出的贡献者，我们国家的许多前辈、各个领域的大专家也都集聚在那里，我受到了他们的悉心帮助和深刻影响。当然，最为重要的是，他们为我提供了许多必要的支持条件，这也关系到我后来从化学所过渡到清华。1979 年以前，清华主要是工科，理科划分在北大。然而面对化学系的恢复需求，他们邀请我到清华协助建设化学系，这与我之前曾随着这些老先生一起访问德国、美国和欧洲等地有关，他们认为我是合适的人选。今天清华化学系的成绩大家有目共睹，但在 1979 年，它正经历着改革的阶段。这时清华的化学所所长是胡亚东，也是清华的校友。他鼓励我前往清华支援化学系的建设，因此我来到了清华，并建立了一个名为“生命有机磷”的实验室，这也得益于北大一位老先生的支持。今天我提到的许多老先生都已经离世了，例如陈茹玉老先生，这些记忆对我来说也越来越珍贵。

邢其毅先生是我们北大化学所的泰斗，他研究胰岛素，是胰岛素人工合成项目获得国家自然科学一等奖的关键科研工作者之一。但是包括邢先生在内的许多北大老先生，他们都非常谦虚。他们是那么大的人物，而我们是刚刚回国的三四十岁的年轻人，我们到清华建实验室，人家都支持了。邢先生过生日，也就吃一个简单的蛋糕。还有贝时璋老先生，他是宁波人，是一个很好的科学家。2005 年，我们要办一个协会，当时 90 多岁的他还来支持大会，千里迢迢来的美国科学家都要去看他。那时候，我虽然很年轻，但也很幸运能够见到我们的贝老。在贝老家里，他还准备了一个助听器，跟我们讨论生命起源的课题。关于贝老还有一个故事，1975 年他作为团长带着中国科学家们到美国，访问我们学校的教授，那时候我还代表台湾省留学生给贝老献旗。

1993 年，我们迎来了首届中国青年科学家奖，当时的北大校长周其凤就是奖项的获得者之一。我记得不久前看新闻报道，提到周校长正在组织一个国际纯理论化学和应用化学协会的活动。周校长目前影响很大，我们都开玩笑说，我们应该开展科学普及活动，因为周校长非常关心科普工作，特别是化学方面的科普。我们希望能够拜访周校长，并期待他能用国际平台的力量来支持化学领域。现在不少人对化学存在误解，比如医生有时候会说化学有毒。其实化学在我们生活中无处不在，比如我们每天都要喝水，水本身就是化学物质，我们呼吸的空气中的氧气也是化学物质。如果没有这些，我们会死亡，我们每天都依赖着化学。水、鸡蛋、牛奶、肉、水果中的糖和盐，以及餐桌上的盐，都有化学作用的存在。所以，“化学有毒”这个说法是错误的，我们需要改变这种观念。我们要积极传递正能量，让所有的同学，特别是中小学生，都能热爱化学。

科学家们要靠一代一代的积累才能取得重大成果，就像屠呦呦一样，她的研究团队在中医药研究院取得了显著的成果，而梁晓天院士则是他们团队中的一员，专注于天然产物药物结构化学的研究。这个例子说明，正是靠一代一代科学家的努力和积累，才能实现科学的巨大突破。屠呦呦之所以能够取得如此重要的成果，离不开梁晓天等众多科学家的默默付出。

生命起源是人类永恒关注的问题之一，科学家们对于生命起源问题的关注并不仅局限在地球，还包括对外太空的探索。有一位美国科学家鲍克斯提出了关于蛋白质与生命起源的理论，他也曾拜访过贝时璋老先生，这体现了国际上科学家在生命起源领域的合作与交流。米勒的放电反应是关于生命起源的经典实验之一，这个实验可以产生氨基酸等有机分子。2005 年，米勒亲自参与在北京清华大学举办的国际生命起源大会，并在轮椅上进行报告，这一时刻也反映了国际科学家对于生命起源问题的共同关心。米勒先生的研究成果，尤其是米勒的放电反应，在初中、高中到大学、研究生的教科书中都有涉及。他对生命起源的关注一直持续到生命的最后时刻。此外还有其他生命起源领域的科学家，他们来自不同领域，包括生物学、物理化学和药物科学，并在各自领域内对生命起源问题进行深入研究。

总的来说，科学家们在生命起源领域的研究也是一代又一代积累与探索的结果。他们的合作与交流不仅有助于推动科学的发展，也为解决人类永恒关注的问题提供了新的视角与可能。我 1971 年离开台湾，25 年后才回去，这其中有很多的原因。不过既然回去了，我当然就要回学校，去看看彰化女中。

我之所以会喜欢化学，很大一部分原因是出于我的中学老师孔祥珍。孔老师讲化学讲得很生动，再加上上课风格很风趣，我就因此喜欢化学了。一直到 1996 年，我才从祖国大陆回台湾看我的孔老师。回到中学，我也跟孔老师一样，给初中生讲氨基酸怎么变来变去，也跟他们说故事。生命在于变化，而变化依赖的就是化学。

我希望同学们像我一样，从初中就对化学产生浓厚兴趣。我们现在所见的所有物品都与化学有关，生命的奥秘，尤其是物质的创造，都要依靠化学来揭示。如果有去外太空、宇宙间的计划，也需要依赖化学家来创造物质，解决科学问题。因此，中学阶段的教育尤为重要。所以我十分关心科普工作，尤其是如何向小学生、中学生甚至幼儿园的孩子们传递化学知识。我如今也当上了外婆，六岁的小外孙女问我："为什么化学能改变颜色呢？"我就举了例子，比如拿醋搅拌紫甘蓝汁，它会变成红色，然后加入小苏打，变成黑蓝色。如果是紫色的橄榄叶，加入小苏打后又会变成蓝色、黑蓝色、绿色。这些变化都是化学引起的，颜色的产生涉及物质的变化。无论是西红柿、胡萝卜，还是黑米，它们的颜色都与花青素有关，这些物质具有抗氧化的作用。因此，你们可以在厨房中尝试各种反应，体验颜色的变化。大家可以将这些现象视为物质变化的一部分，因为所有颜色的变化都与化学过程密切相关。

今天校长请这么多中学的同学来，我很高兴。所以，我讲述了与我的老师孔老师相关的故事。1991 年，我当院士的消息传到海外，成为海外宣传的焦点，孔老师的儿子看到新闻时，对孔老师说："妈妈，你的学生赵玉芬在大陆当上了院士。"孔老师在新闻中看到了对自己的称赞，这让她感到非常自豪。孔老师联系了报道这则新闻的记者，她问："赵玉芬老师在哪里？"记者告诉她我在北京。然后，她决定回祖国探亲，来到北京。我们在一九九几年有了见面的机会，我与孔老师在北京再次相遇。1996 年我又回去看她，这个故事就不断延续下去。

同学们，你们知道了吧，这就是我喜欢化学的原因，因为有这么一个优秀的孔老师，请大家铭记这个故事。我们现在需要很多好的老师去教授化学，我在台湾的同学大部分都在台湾的新竹工业园做生物医学工程方面的研究，生物工程所的所长也是我的同班同学。2000 年，我回台湾参加女中聚会，经过几十年，大家年纪都很大了，都是爷爷奶奶辈的人了。我在聚会中得知有的同学大学毕业之后去教书了。2014 年，我回到台湾的小学。那时距离我上小学都五十几年了，我还回去找到我们的老师、同学，一起聚会。

还有一些出访的任务。我们国家 50 周年国庆时，巴基斯坦和缅甸都替我们国家庆祝，因此我们全国青年代表团就去往国外，跟他们一起过国庆。巴基斯坦人对中国人非常热情，他们的总统曾说："中巴友谊比蜂蜜还甜，比喜马拉雅山还高。"他非常感谢我们国家帮助他们。他们的运动场、飞机场、铁路都是由我们国家援建的。他们跟我们共同庆祝我们的国庆，也是很难得的。到了那里你才会发现，我们国家真的是很友好地帮助他们，这种情谊在今天的"一带一路"中还要延续。

我还在清华的时候，中国科学家在质谱仪领域的研究就已起步。早在一九八几年，世界上就有了第一批质谱仪，中国也跟进研发，当时成功研制了第一台。我的台湾清华大学的导师也特地来北京参观了这一成果，这也促成了台湾清华大学与清华大学生命科学院的友好交往。2007 年，国际磷化学大会在厦门大学举行。我刚刚向赵校长做了报告，我们计划申办第 23 届大会，可能会选择在宁波举办。回顾当年在厦门大学举办的大会，与会者都住在厦大校内，会议也是在教室里进行的，非常节约。当时有专家分享了一个有趣的观察，说从未见过这么多外国人在厦门大学的校园里穿行。一般来说，国际社会的学术大会上有几十名外国代表就算不少，百人也算是不小的规模，而当时有两三百名外国代表在厦门大学校园里活动，这在他看来是非常罕见的。

再后来我选择去郑州大学工作，是因为我的祖籍在河南。我刚刚提到，我的父亲早逝，无法回到家乡，因此我觉得我有责任为我的家乡河南作一些贡献。在那里我培养了一批优秀的博士生，她们被称为"五朵金花"。当时她们都是即将当妈妈的女性，但她们依然积极投身博士学业。这五位"金花"，或早或晚，都取得了博士学位，如今都已获得了教授职称。值得一提的是，除了这五位女博士生，还有几位男性，也都顺利完成了博士后的学业，我们戏称他们为“四大金刚”。这个团队在郑州大学成长和发展，郑州大学见证了他们的努力和才华。如今，这个团队的成员们都已成为教育领域的杰出代表，为河南的科研事业作出了积极的贡献。

刚刚说到，我们刚回国的时候，受到统战部及各个学校领导的帮助。帮助我们的人里甚至还有邓大姐，也就是周总理的夫人。在我们那个年纪能见到周总理夫人，是非常振奋人心、令人难忘的。当时我运气不错，正好赶上 1991 年“三八”妇女节，邓大姐说她身体刚好，很久没有去人比较多的地方。她见了 10 个代表，我就是其中一个，是代表科技界的。我们是在周总理家中见面的，也就是中南海西花厅。邓大姐的故事你们可能都知道，她从中学时代到大学时代都在参加革命活动。那是很早的时候，在抗日战争开始以前。可以说邓大姐是非常优秀的政治家，而且还不仅仅是政治家，她还很好地照顾我们妇女、鼓励我们。即使身体不好，她还来见我们，和邓大姐的合影对我来说是最珍贵的照片。

去年，赵校长兴奋地告诉我和我的团队，我们已经入职了。我有幸能够加入宁波大学，也希望能与所有的老师和同学一起努力，把我们的工作做得更好。我们也要感谢一位国际友人，他是国际磷化学大会的主席，他对我们的支持使我们得以加入。他还将帮助我们申办国际磷化学大会，申办的程序我们正在努力推进中，但最重要的还是要将我们的科研以及教学工作做得更出色。

当然，我自己的研究方向是生命起源。关于生命起源有一个经典的问题，就是先有蛋白质还是先有核酸，类似于先有鸡蛋还是先有鸡的问题。关于蛋的来源，大家可能都知道，这是一个无解的问题。因此，类比到生命起源领域，是先有核酸还是先有蛋白质，蛋白质是否控制核酸，这同样是一个未解的谜题。生命起源有两大学派，一种认为先有“鸡”，也就是核酸，一种认为先有蛋白质。实际上，这两种观点都有一定合理性，而我们的研究更着重于探讨鸡和蛋同时产生的可能性。在我们的实验中，我们尝试将氨基酸分离后加在一起，这样就可以实现既有鸡又有蛋的情况。通过将氨基酸分离，一方面可以生成蛋白质，另一方面则可以分离出核酸。当然，这还涉及膜的形成等复杂过程。这个问题是我们生命起源研究领域的一个谜，也是我们希望解开的谜题。如今我们有了“鸡生蛋”，但还需要不断推导，追溯到最早的细胞是如何形成的。因此，生命起源科学是探讨最古老的生命形式如何分化、演化的一个过程，这是全球的攻关任务，我们实验室也在努力投入研究。

最后我想分享给同学们的是，在我讲述故事的过程中，大家能感受到，我的家庭背景、父母、兄弟姐妹，都对我有深远的影响。与此同时，老师也起到了非常重要的作用。孔老师，还有我大学时的其他老师，关心着我的发展，甚至在通过新闻了解到我的动向后亲自找到我。这再次印证了老师的重要性，他们不仅是教育者，还是我们人生的积极引导者。在同学之间，相互帮助也十分重要。比如我的中学同学在毕业多年后还会特地前来看望我，他两天后就要到访宁波，他的喜悦之情非常明显，这再次证明了同学之间的情谊是非常深厚的。而在工作中，同事之间的合作更是至关重要。就像同学在班级中互相合作一样，在工作中我们也需要共同协作、共同奋斗。这样不仅能够培养更多的朋友，也能够使我们的朋友圈扩展至全球。你看我有美国朋友、俄罗斯朋友、意大利朋友，还有巴西、古巴的朋友，全世界都有我的朋友。刚刚提到的缅甸、巴基斯坦等国家，都是支持我们国家的，尤其是巴基斯坦。朋友遍天下，这个是很重要的。当然，最重要的是，要有国家领导和校领导帮助我们。当初我们这些台湾同胞回来，统战部很照顾我们。邓大姐，那么重要的第一代老领导，都能够来鼓励我们。正是由于那么多领导的鼓励和帮助，我们才有今天。

因此，大家要珍惜时间。刚才我提到“鸡生蛋、蛋生鸡”的问题，你们要多思考怎么解决。在厨房里，你们可以进行小实验。美国人认为，用厨房里那些安全可食用的东西也可以用来做实验，而且相对比较安全。我今天一直在与你们分享故事，从小学、中学、大学到研究生回国，我一直在讲述我与科学的故事，还有我来到宁波大学的经历。这个故事还在继续，而且我需要和大家一起合作。

我鼓励大家灵活运用所学的知识，要有经世致用的思维。实际上，还有很多科学问题等着你们去探索。我希望能够看到人类在 2035 年登陆火星，甚至有人前往。尽管现在有人认为去了火星可能就再也回不来，因为问题实在太多，但我们不能就此放弃。现在看来或许无解的问题，随着科技的进步，有望找到解决办法。感谢大家的聆听。

潘公凯

著名艺术家、美术理论家及教育家，曾先后任中国美院和中央美院院长，引领两校实现跨越式发展。提倡中、西两大艺术体系“互补并存，双向深入”，对中国美术界影响深远。其水墨作品宏大而精致，结合传统与现代审美，展现独特艺术魅力，象征着中国大写意水墨艺术的现代化转型。在绘画、理论、当代艺术与建筑设计领域成就斐然，出版多部著作，如《中国绘画史》等，并主编《现代设计大系》等重要画册。他享有国家级专家荣誉，曾任全国政协委员、中国美协副主席，担任过上海世博会中国馆展陈设计总设计师。同时，他还是多所国际院校的荣誉博士，现任中央美院教授、博士生导师。

传统派与传统主义：以潘天寿为例

潘公凯

© 2018 年 5 月 16 日，第 197 讲

不同的人会选择不同的目标，不同的目标造就不同的道路。而 20 世纪中国美术史也由自觉之后的策略性选择出发，走向了四条不同的道路，分别是"融合主义""西方主义""传统主义"和"大众主义"。

第一个是"融合主义"，"融合主义"最先是以现代性的方式进入中国本土电影的。第二个是"西方主义"，"西方主义"是现代性的植入部分，"西方主义"的意义，就在于深入西方艺术史内部获取新的文化资源，在此过程中，被改造、折中的西方文化逐渐演变成中国自身的新传统。第三个比较难，称为"继发的现代性突变的原创"，即"传统主义"。吴昌硕、齐白石、黄宾虹等大画家，他们代表中国传统绘画在当代社会努力由自身走向现代的目标。第四个是"大众主义"，是以鲁迅先生领导的运动为代表的，即延安以及大后方人民的创造。他们的宗旨是为大众服务，启发教育动员大众，进行社会主义革命、建设和实施。这"四大主义"既是艺术发展路线和创作指针，又具有社会行动功能和实践效果，合而为中国美术的现代主义，是中国美术现代性突变和转型的有力表达。

首先，我们要对传统主义和传统派有所区分。传统主义，就是直接走向本土的，在继承传统价值观的基础上推进中国现代化。而对于选择传统演进道路的画家而言，很难清晰区分究竟哪些是出于完全的自觉，哪些是不完全自觉

甚至完全不自觉的。部分传统派画家对于这方面就没有足够的自觉意识，比如一个老农民，即使作为传统派名家，跟他去谈现代性，谈中国传统文化在20世纪的困境，都是比较困难的。因此，传统主义的范围就要窄于传统派，传统主义是指传统派里面有自觉的策略性意识的人。所以我认为传统主义的提出至关重要，创作者不仅需要实践，还需要明白实践的目的，这才是自觉地把传统主义融入中国的现代化进程。

我父亲也是传统主义现代化的践行者。他于1915年以第一名的成绩考入浙江省立第一师范，这是当时南方文科水平的最高点。他在学校里受到了新式的教育，不仅学习了哲学、社会学，还有物理、化学、数学，当然也包括马克思主义，因此对西方思想与文化有所了解。蒋介石“四·一二”政变以后，他怀着对于革命理想的憧憬，先后在上海美专、杭州艺专任教。

由于他对东方的文化和西方的艺术都有深入的接触与理解，所以他提出一种观点：中西绘画要拉开距离。这一如此明确的观点在整个20世纪是非常少有的，有别于以往西化的观点，即全面向西方学习，把西方绘画当中的长处和中国传统绘画遗产当中的长处结合起来，形成一种融合，并提出了走中国化这条道路。这就像是两幅风格截然不同的画，不应该进行强行融合，而是应该互相促进，互相学习。他认为这样对于全世界多元文化的姿态是更为有利的。

概括地说，“传统主义”有四大特征。第一，对中国传统文化的真正领悟，尤其是对诸子百家以来的中国儒家思想有所研究。第二，对中西绘画异同有所意识。中国的艺术和西方的艺术都是人类的艺术，但是同中有异。这对于该两大系统的不同的艺术观、价值观的积淀也至关重要。第三，对传统文化进程有充分的自信。要对民族艺术的前景有充分的自信，特别是在20世纪40年代、50年代。正是由于对文化的强烈自信，民族文化才能蓬勃发展。第四，对中国画发展策略的自觉。要从理论上认识中国艺术的过去与未来，需要确立明确的主张和策略。

对于传统主义画家的作品，我们可以从三个方面进行解析，即笔墨、构图、境界。首先，关于笔墨，中国画历代笔墨这个概念非常复杂，它并不单纯是毛笔在宣纸上画出来的线条。笔墨在中国画当中显得越来越重要，它的相对独立性也越来越被大众所重视。

不同的文化脉络当中的艺术家，在处理自己眼睛所看到的视觉形象的问题上，方法是完全不同的。中国画画家在描绘客观对象的时候，客观对象的外在形态并不是最重要的，它只是一个启发。这在中国的写意画、水墨画中有明确的体现，比如同样一片树叶，不同的笔墨就会呈现不同的效果，有的渗化大一点，有的渗化小一点。笔就是毛笔，在纸上运动的墨是水墨落实的效果，这都是笔墨的基础。

黄宾虹先生的笔墨是被公认的，但如何理解他的作品呢？这其实是非常复杂的。不同的画家，由于不同的才学、不同的兴趣，就会呈现出不同的性格倾向。然而，他们的笔墨风格，无论多么具有独创性，都出色地体现了基本原则。纵观黄宾虹的作品及其用笔，果断而强悍，有经验地控制，具有雄健刚直、老练刚劲的特点。他深入吸收了古人的笔墨精华，还融入了自己的强烈个性。例如，他会在心情郁闷的时候创作，这形成了他独特的风格，一个是简洁明确，一个是雄健刚直，还有一种对深色的迷恋。

《快雪时晴图》是黄公望绘制的一幅山水画。快雪时晴是什么呢？快雪时晴是指中原地区下了一场小雪，然后天又放晴了，阳光下的雪还没有化掉。在魏晋南北朝以后，王羲之的《快雪时晴帖》名扬天下，“快雪时晴”随即成了中国文人的一种文化概念。与背后的文化内涵相呼应，画面中水墨雪景山水、层岩叠岭、奇峰寒林、白雪皑皑，山间升起一轮红日，体现出一种自然、纯粹的境界。中国文脉在中国绘画当中代代传承，每幅画都是对绘画背后传统与精神的传承。例如我画荷花，也是受前人画作的启发进行创作，既是对“荷花”文化传统的传承，也在其中映射了我的个性与内心倾向。中国画并不只是简单的描摹。如果要对此进行欣赏和评价，那么就不能看外形是否相像或颜色是否多彩绚丽，而是要通过笔墨的技巧来判断。比如，潘天寿的作品对景色都是简单的勾勒，即使只运用了硬的黑线，仍能展现出丰富的变化，使得画面气势雄伟，这便是笔墨的魅力之处。比如，用三种不同深浅的墨画三片荷叶，同样是荷叶，却又有细微的变化。这样的技巧就是在整体的区分中表达微小的区别，如何能够将此把握得恰到好处，这就属于艺术内部的技巧性问题。

笔墨在中国画中是极为重要的，笔墨之于中国画，就如线条之于素描、色彩之于油画。所以有人说，中国画的创新就是笔墨构成的，同时画家也用笔墨建立自己的绘画风格。

第二个是十分重要的构图问题。中国画的构图方法与西方绘画作品在原理上有很大的不同，由此形成不同的风格。中国画的构图具有一些特点：其中之一是方形的运用，方形的特点是稳定、饱满、沉重、结实。潘天寿的作品当中大量出现大块的方形石块，是他厚重、倔强的性格的外显。他尤其擅长将原本在自然界很黑的石头画得很通透，呈现出一种力量感，使画面产生巨大的动力。这也成为画面处理上的一个非常重要的技巧，开创了中国画的先河。关于这一构图技巧，西方就有一门专门的学问——视知觉心理学，用于研究不同的图形带给观者的视觉感受。例如，改变这条线往这边斜是什么感觉，那个点放在这个地方是什么感觉。

潘天寿的一些画作就直接地用到了视知觉心理学，这是现代化的基础。例如如何在一个倾斜的地面上，把这个长方体支撑住。是在地面上支撑住？或者是再加上拉力？这些都是属于视知觉心理学研究的内容。他的作品当中蕴含了自然界的原理，比如，他画的石头上面大下面小，这在自然中也是真实存在的，符合自然界原理的，却使得其有一种被拉回来的感觉，表现出一种平衡感与力量感。

关于平衡有两个概念，一个概念是天平的平衡，叫作“对称平衡”，另一个叫作“力量平衡”。有些作品就是典型的不对称，例如这幅画作，瀑布放在中间，动物放到边缘，由于动物本身是一种向下看的视角，所以整个画面会有一种往这边欣赏的感觉，这使得整个画面有一种倾斜过去的感受，呈现出一种力量平衡的观感。像在这种力量式探索下创作的作品不仅沉重，而且充满了紧张的对峙，是他对中国画的重要探索，也是构图非常重要的手段。

为使画面构图有更好的呈现，可以采取丰富多样的手段。比如在作品中采用更为复杂的线路。又如作品充满起承转合，却井井有条、一丝不苟，并且非常有力量感。还有一个原则叫作“四面包围”，尤其受外国画家青睐，许多国内外的画册都遵循这样的原则。

例如，中国画中的“气”是一个非常重要的绘画元素。中国绘画中的“气”看不见摸不着，并不作为画材直接表现在画面上，而是以一种隐藏在画面背后的精神或境界的形式存在。“气”起到贯穿画面、体现意蕴的作用。就像一台功率巨大的空调，沁人心脾，一幅气韵生动的作品也能给人带来同样的感受。正如《孙子兵法》中所述：“兵无常势，水无常形，战势不过奇正，奇正之变，不可胜穷也。要之，须得智勇之将，远虑深谋，统御全局耳。”如何创作出气势连贯、气韵生动的作品？这就要考验画家的全局把握能力，即画家的构图能力。

最后，谈一下中国画的第三个特点——境界。境界实际上是作者的思想境界，反映作者的精神气质，是作者感情意念的流露。每一个艺术家在艺术界都受到思想境界的制约，带有个人喜好的倾向性，因而每个艺术家表现的艺术境界都有一定的基调和特色。潘天寿创作特别强调直抒胸臆，因此他创作出的作品也干净凝练、一丝不苟。例如，他会在画面上放一个大石头，呈现出一种平衡的力量感；或是一朵花，两片叶子，只构造出一个轮廓，也特别简洁。他的大部分作品都是花鸟虫鱼等常见、可爱的事物，但是他也有另外一些作品不易被欣赏，像岩石等等，比如达摩的人物造型奇特，完全像是一座山，却给画面赋予了力量感与沉重感。有些作品还题了大片诗，例如有关吴越之争的历史故事，充满大起大落，多数典故都是关于战争的残酷，具有扣人心弦的戏剧性。由此得知，画家对美是有不同理解的，即不同人可以拥有不同的审美观。在现实世界中，美是有区别的，却又是有联系的，即使是一些世俗难以欣赏的事物，也可能具有深刻的内蕴。艺术家把这种对于美的深刻理解转换成典型的画面形象，从而创作了很多不朽的作品。

艺术是非常质朴的，并不为哗众取宠，它的画面意境跟矫揉造作的浮华是截然不同的。正如潘天寿的作品，造型简练、色彩干脆，文化内涵却格外丰富。因此，艺术作品是一个整体，它既有外在的机制，又有内在的蕴涵。例如复古这一概念，在绘画上，它是一种接近于黑色的深蓝色，具有历史的沉淀感。黑色的画面一直在追求浑厚复古，这又与中华民族的带有悲剧性的历史紧密相连。这样的一些作品都是单色水墨，没有颜色，并且上面丝毫的差别都会加强该作品复古的感觉。这个技法，不仅是要以传统经验为依据，更要看它是否适合传达作者的高层次的精神内涵。作品说到底是作者的人格与精神生活的流露和象征，对于艺术作品的理解本质上是对人的理解。做一个真正出色的艺术家很难，做一个真正懂得艺术的欣赏者同样很难。在人们所向往的艺术殿堂里面，在憧憬追求这样一个境界的过程当中，人也就获得了精神的升华和超越。这就是我们为什么要欣赏作品和为什么要创作作品。潘天寿作于1966年的《梅月图》有“龙跃天门，虎卧凤阁”之势，画面浑厚，亦如他本人的题画诗“气结殷周雪，天成铁石身，万花皆寂寞，独俏一枝春”，是其内在精神和人格的写照。

因此，如何将继承传统、发扬传统这件事真正作为一种自觉的文化策略？首先，必须对传统有真正的领悟，也要懂历史的发展。第二，要有中西绘画异同的意识，特别是对其艺术观和价值观的不同基点有清楚的认识。第三，要有对传统自律性进程的自信，对民族艺术未来前景的自信。第四，要有对中国画发展策略的自觉，为中国画的未来做出长远考虑。我认为中国画发展最有效的、最好的做法，就是传统主义。其中的理性自觉成分以及捍卫和发展民族传统的精神，是可以运用并且加以发扬的。

康 辉

康辉，中央广播电视总台新闻中心新闻播音部主任、《新闻联播》主播，中国文联全国委员会委员，中国电视艺术家协会副主席。从业 30 余年，参与多项国家重大宣传报道任务，近年来主创的融媒体产品在全媒体平台产生很大影响力。光荣当选中共十九大、二十大代表，享受国务院政府特殊津贴，入选全国宣传文化系统文化名家暨“四个一批”人才工程。曾荣获全国五一劳动奖章、全国德艺双馨中青年文艺工作者、全国学雷锋志愿服务最美志愿者、全国新闻广播影视出版系统先进工作者、中国广播电视节目主持人金话筒奖、中央广播电视总台首届、第二届十佳播音员主持人等荣誉。

没有岁月可回头

康　辉

◎ 2018 年 5 月 22 日，第 198 讲

我特别喜欢讲座主题“做人做事做学问”，做人贵在清白，做事必须认真，做学问敢于“好高骛远”、善于实事求是。我第一次得知“三做”讲座的主题时，就觉得它的“三观”太正了。

之前说要拟一个题目，我想了半天，最后只好投机取巧地拟了一个特别空的题目，叫“没有岁月可回头”。可能有的年轻朋友一听，觉得这真是一个中老年人的题目，因为只有经历过岁月的人才会对“岁月”有所感慨。我今年 46 岁，工作 25 年，好像已经活了半辈子了。从年轻时走到现在，我确实会不时地回首过去，年轻时的我拥有无限的可能、机会和时间。常言道：“年轻人犯错误，上帝都会原谅。”上帝可能会宽恕你年轻时犯下的任何错误，但是上帝不会因此而多给你任何一丁点的时间。

所谓“没有岁月可回头”，实际上是我们期望在人生的旅途中，尽量减少无谓的“回头看”。我们要全心全意地投入当前所做的每一件事，踏实地走好每一步。多年以后，当我们回首往昔时，愿能心无挂碍，倍感舒畅。因为在回忆过去时，我们常常会用到这样的句式：“早知今日，何必当初”，或是“哎呀，幸亏当时如何如何”。但我真心希望，当我们回首过去时，都能用后者来表达自己的心境，那就是“幸亏当时我们如何如何了”。所以，今天我可以非常坦然和欣慰地回顾我所走过的岁月。

第一个经历是，如果我当初没有"坚持那一下"，今天的我可能会深感后悔。这源于我大学上专业课时的一段经历。我的本科就读于北京广播学院播音主持专业，也就是现在的中国传媒大学。这个专业被归类为艺术类专业，但人们常常对艺术类专业存在误解，认为它们要么很简单，要么非常深奥。然而，它和任何其他专业一样，如果你希望真正掌握它，打下扎实的基础，就需要付出一定的努力。

我刚进大学开始接触专业课时，发现每个考入这个专业的学生都自认为普通话很标准。然而，我们的专业第一课就是汉语普通话语音课。它要求我们必须将汉语普通话的每一个语音，包括声母、韵母、元音、辅音，都发到最标准。这意味着我们需要从最基础开始学习。我清晰地记得，教材中有一套当时让我倍感困扰的舌位图。它详细标注了发音时舌头在口腔中的位置，仿佛是我头部的横切面图，上面标明了舌头应放置的位置。我们每天都需要根据这张图进行练习。这个过程就是不断地在口腔中移动舌头，让我感到非常崩溃。

每当我发出一个音，老师都会指出不正确的地方。到最后，我真的不知道自己的舌头应该放在哪里。而且，在读了小半个学期的课程后，我几乎每天都被老师留下来补课。对于从小学到中学一直自认为是好学生的我来说，这非常让人羞耻，我甚至觉得自己的心理承受力在逐渐下降。还有一件让我倍感压力的事情，就是假期回家时，邻居带着他们的小孩来我家做客。家长们总是喜欢炫耀自己的孩子，我父母就会告诉他们我已经读大学了。对方当然会客气地回应，然后跟小孩说："你要好好学习，你看这个大哥哥都读大学了。"那个小孩很崇拜地看着我，然后问："你们大学里都学什么？"我如实回答，说我们现在正在学习"a""e""o"的发音，结果那个孩子非常不屑地说，他们在幼儿园就已经学过了。这让我深感挫败，那一刻，我产生了强烈的念头，觉得自己学不下去了，必须要换个专业。

然而，当时学校的规定比现在严格，转专业或换课程需要经过一系列复杂的报告程序。我性格较为内向，一直担心如果去向老师提出这个请求，老师会批评我。在做出决定之前，我还需要继续上课，忍受每天被老师留堂，不断纠正各种发音上的错误。这一切都需要我硬着头皮去面对。此外，如果第一学年的课程无法达到学校的要求，我们就可能会被退回原来的高中，这对我来说是无法接受的，更是一种巨大的耻辱。

一方面，我时常在思考何时能够组织好所有的措辞去向老师表达放弃学习的念头；另一方面，我又不得不每天硬着头皮去上课。奇怪的是，我至今无法准确回忆起是哪一天、哪一个瞬间，仿佛突然间我领悟了，那层困扰我的迷雾被拨开了，我开始明白应该如何去学习它。我真的记不起具体是何时，那种所谓“开窍”的感觉降临。但渐渐地，我发现老师指出我错误的次数越来越少，我开始相信我能做好这件事。甚至在第一次语音小结考试课上，我意外地获得了满分，而且是全班唯一的满分。

这件事对我是极大的鼓励，我开始思索其中的原因。我并没有求神拜佛，也没有去普陀山祈福。多年之后，当我再次回首这段经历，我意识到，正是因为我一直在坚持学习，从未放弃。老师每天都强调必须回去练习，我也从未松懈。我深刻理解到量变引起质变的规律是真实存在的。只要我们将学习的基础知识积累到一定的量，质的变化就一定会发生。而如果我们没有积累到足够的量，那么质变可能永远不会到来。

大学专业课的第一课让我从中体会到，我们有时可能会过于夸大某些事情的难度。比如学习专业课时，我曾觉得每次发音都要将舌头置于口腔最准确的位置是难以做到的，但事实证明，只要我坚持不懈，这个目标是可以实现的。当我们觉得某件事难以完成时，在决定放弃之前，如果再多“坚持一下”，结果或许就会截然不同。即使最后发现仍然不可行，需要做出其他选择，但至少我们已经尽力了，没有留下遗憾。如果当初没有坚持那一下，我可能就无法从事现在这份工作，也许我会转行做其他工作，虽然也可能有所成就，但对于我之前选择的专业和未来希望从事的职业，我无疑是半途而废了。这对我来说，无疑是人生的一大损失。

所以我今天回首往昔时，庆幸自己当初坚持了那么一下。

第二个经历发生在我工作的第四年，即 1997 年。那一年，众所周知，香港回归是最大的事件。作为一个刚工作三四年的年轻人，我有幸跟随报道团队前往香港，参与香港回归的相关报道。对于许多刚入行的年轻人来说，这无疑是梦寐以求的机会。当时，作为一个 25 岁的年轻人，我深感这个机会的难得。然而，“年少轻狂”并非空穴来风，年轻时我们有时会高估自己的能力，狂妄地追求自己并不一定能拥有的东西。

在香港回归时，我被安排在一个非常重要的位置，负责香港回归交接仪式及后续庆典的解说工作。在今天看来，让一个 20 多岁的年轻人承担如此重任似乎不太可能，我本应该心怀感激并认真完成这个工作，但在那段时间里，我内心却产生了极大的不平衡。我工作的场地位于香港会展中心，虽然距离政权交接仪式的现场仅隔一层楼，但由于证件办理有严格的限制，我无法真正进入现场。我只能在我的播音室里，对着画面完成工作。换言之，尽管全球观众，尤其是全中国的观众都在关注那个画面，而我也在现场，但我所看到的画面与大家并无二致。这种无法亲临现场的情况让我内心非常不平衡，我开始质疑为何有些人能拿到证件进入现场而我不能，是否因为我太年轻才受到了不公平的对待。这些复杂的想法对我的心理状态和工作态度产生了负面影响，让我在工作时产生了一种应付的心态。

但是，我特别感激我的父亲，他在我抱怨时给了我当头棒喝。我向家里打电话时流露出了一些不满，但父亲却告诉我，我应该珍惜这次机会。他强调，不是每个人都有机会在那样重要的日子里承担如此重要的工作。想象一下，那天全中国的人都在关注这个重要事件，通过电视收看实况，听到的都是你的声音，这难道还不够重要吗？父亲的这番话让我意识到自己的轻狂。我认识到，眼前的工作实际上非常重要，应该认真对待。如果总是觉得自己应该做更重要的事情，而忽略了眼前能够完成的任务，那么可能会错失生命中一些非常重要的机会。

现在回想起来，那时的我确实不懂事。二十几岁的年纪，凭什么能够占据如此重要的位置？我是否真的具备这样的能力？我意识到，与其好高骛远，不如脚踏实地，认真做好现在能够做的事情。我深感庆幸，正是因为与父亲的这次交流，让我明白了这个道理。否则，我可能会在未来的道路上因年少轻狂而犯下更多错误，失去更多展现自己真正价值和能力的机会。在人生的每一个阶段，我们都应该秉持一种老老实实、脚踏实地的态度。

所以这也是回首往昔的时候，我觉得很庆幸的一点。

还有一点，我把它叫作“如果当初没主动那一步”。熟悉我的朋友都知道，其实我是一个特别“闷”的人。对于我所从事的媒体工作，这种性格其实是一个很大的不利因素。理想的媒体工作者应具备强烈的好奇心、热情以及与人沟通的意愿，这些特质对于媒体工作至关重要。比如，曾经来我们宁大做讲座的白岩松老师就具备我刚才提到的那些优势特质，我认为他非常适合从事媒体工作。在没有工作需求的情况下，我甚至可以一整天不说话也毫无不适，甚至很享受这种安静的时刻。主动与人沟通，特别是去争取某些事物，对我来说简直难上加难。我之所以在专业课遇到困难时还坚持了那么长时间，主要就是因为我实在不知道如何开口与老师讨论这个问题。

这种个性有时会在工作中让我很被动。但庆幸的是，在我的职业生涯中，我鼓起勇气主动争取了几次机会。例如，香港回归时，我向领导表达了我想参与报道的强烈愿望，尽管我年轻，却渴望在这样的重要报道中贡献一份力量。在我工作了大约八年后，2001 年，我做出了一个职业选择，放弃了《晚间新闻》的工作，转而加入当时正在全面改版的《东方时空》。《东方时空》在 2001 年进行了从早上六点到九点的长时间直播改版，这是中央电视台新闻类节目首次尝试如此长时间的晨间直播。然而，这次改版被认为是《东方时空》发展史上的失败之举，因为业界和观众普遍认为，没有多少人会愿意在早上花费三个小时观看电视，尤其是内容并非特别引人关注的新闻。因此，节目最终回到了之前的模式。

回顾那一年的改版，它不仅为《东方时空》后来的发展，以及中央电视台新闻频道的成立奠定了坚实的基础，也为后来我们进行的一系列重大事件直播报道提供了良好的模式。它实际上成了后来电视模式的重要孵化器。我很庆幸当时做出了加入改版后的《东方时空》的决定。

我感到需要外部环境的变化来驱动我，让当前节目的新要求成为促使我转变的动力，从而改变我已经过于熟悉的日常工作模式。我渴望探索和学习新鲜事物。实际上，从我职业生涯的一开始，就有不少这样的学习机会。我是1993年毕业的，恰逢那年《东方时空》开播，标志着中国电视新闻领域的一大显著发展，甚至可以说是一个飞跃。我很幸运能参与到这一发展阶段中。起初，我做晚间新闻时，只需照稿播报。但很快，我们被要求不仅要播报，还要自己撰写内容，独立思考每期新闻的编排特色，以及如何巧妙串联各条新闻。到了1997年，我们开始涉足各种大型直播项目，作为年轻人，我有幸参与其中，每一次都是宝贵的学习和成长经历。

然而，2001年的那个节目对我而言具有特殊的意义，因为它激发了我全面改造自我的强烈愿望。那个节目的要求远不止于简单播报新闻，而是需要我在思维模式和节目运作方式上进行全面革新。比如，如何安排早晨三小时的节目内容，确保随时收看的观众都能获取有价值的信息，这一切与以往截然不同。

当时，许多前辈和指导老师并不完全赞同我的这一选择，因为我们的晚间新闻已相当成熟，其重要性仅次于《新闻联播》，常被誉为“小联播”。大家都认为，我只要按部就班，在那里继续工作，未来会有更多机会。但回顾起来，我深感当初主动求变的决定极为关键。

加入《东方时空》的那一年，我学会了如何在镜头前自信表达，这是并非每位同行都能在职业生涯中遇到的转折点，对此我深怀感激。尽管那次改版后来被认为是《东方时空》历史上的一个较大挫败，仅仅维持了一年，团队也随之解散，成员们分赴不同新节目的核心岗位，但对我而言，那一年极其宝贵且影响深远。从这一经历中我意识到，勇于自我挑战，逃离舒适区，为自己设置障碍是必要的。长期沉浸在熟悉的、无须过多努力的环境，实际上可能会抑制个人创新能力的发展，因为过度依赖旧有模式和思维定式会成为我们的枷锁。

如今，“创新”一词频繁出现，从国家领导人到各级机构，乃至学校师生，都强调其重要性。年轻人亦呼喊着要与过去不同，但创新究竟源自何处？我认为，创新首要的是勇气，即敢于破除过往的自我，尤其是那个看似不错的自己。若不愿打破现状，创造全新自我便无从谈起。自我突破时常艰难且伴随着痛苦，正如我在2001年所经历的，每天凌晨三点就必须到达办公室，以应对六点的播出，导致夜间无法安心睡觉。并且，从收视率角度看，早间时段远不及晚间。那段时间，许多人不解地问我为何如此选择，似乎我在事业上有所损失。但我必须说，经过那一年，虽不敢言彻底蜕变，但我确实经历了显著变化，与之前的自己相比有了长足进步。正是那一年的转变，让我随后能够不断适应行业的发展步伐，包括参与众多直播节目，收获颇丰。因此，主动给自己制造些不舒适，设定一些难题，在日后回顾时，你会发现正是那些主动寻求的挑战，为你积累了宝贵的经验和成就。

年轻人拥有无限可能，因为你们有充足的时间去尝试形形色色的机会，更应当积极地挑战自我界限，拥抱全新的自我。在这一系列无限可能的探索过程中，你最终可能会发现那个能最大程度促进自我实现的领域。同时，我建议大家避免像我曾经那样，在面对任何事情时总担忧"如果不行该怎么办"。年轻人之所以拥有无限可能，正是因为大家几乎一无所有，没有太多负担，即便犯错，也不必担心会对自身造成重大影响，毕竟"一无所有"意味着没有太多可失去的。相反，当一个人已有一定成就，积累了一些资源时，再去做别的选择，再去颠覆自我，往往会更加困难。年轻人有着得天独厚的条件，没有很多顾虑，所以我鼓励大家在岁月的历练中，要更加主动进取，敢于为自己创造一些虽不舒适却能促进成长的境遇。

我还想再跟大家分享第三件事，即"如果当初没尴尬那一回"。这个尴尬就是我在直播当中遇到的状况。虽然当这些失误汇集一处时，竟意外产生了喜剧效果。然而，每当失误发生时，对于亲历其境的我们而言，那一刻实则充满了尴尬与自责。我们不应以此为常态，而应秉持严格乃至近乎苛刻的标准来要求自己在工作中的表现，极力减少工作中本可避免的错误。若一味寻找借口宽恕自己的过失，将来可能会频繁地成为"失误集锦"的主角。偶尔出现一次，或许还能当作增加些许关注的谈资，但若每次都榜上有名，无疑将严重损害个人形象。因此，在直播工作中，我们应当树立这样的自律意识，对自己提出高标准、严要求。

那次尴尬事件发生在2001年。那一年，亚太经济合作组织（APEC）领导人非正式会议首次在中国举办，地点是上海。对于这样一场在中国举行的重量级国际会议，我们自然要进行大量报道，并安排了多场直播。我有幸被选入直播团队。在此之前，我们已经成功完成了1997年香港回归、1998年三峡大坝截流、1999年澳门回归以及2000年迎接千禧年等一系列大型直播活动。可以说，整个中央电视台，特别是新闻中心及我们团队，正处于极度自信的状态，我们认为没有任何直播任务能够难倒我们，我个人同样满怀斗志。

首场直播由我负责，内容是关于APEC外长会议后的媒体见面会。从导演到制片人再到主持人，我们都认为这是一次简单的直播操作，因为它并非突发事件，而是在一个有明确时间表的计划内报道，我们知道记者会的确切开始和预计结束时间。于是，我们打算在会议结束前十分钟开启节目，先做一些预热，到点即接入现场信号，直播开始，结束后简短收尾，一切似乎轻而易举。然而，偏偏还是发生了意外。按照原计划，外长会议结束后应在特定时间与媒体见面，但由于会议延迟，导致记者见面会也无法按时举行。

于是我们与前方进行了沟通，询问会议预计会推迟多长时间，但前方并不清楚，只是说那个门现在还关着。我们尝试联系会议的相关组织方人员，但似乎没有人知道会议何时能结束。然而，我们的节目已经到了预定的播出时间。由于节目尚未开始，我们只能先播放一些其他内容，待会议结束后，再播出原本的节目。

如果这种情况发生在今天的新闻频道，或许这种处理方式还可以接受。但在2001年，新闻频道还未开播，我们是在中央电视台第一套节目的一个特别节目窗口中播出。一旦这个时间段分配给你，你就必须充分利用这个窗口时间，填充内容。由于会议尚未开始，直播信号无法接入，我们只能选择相关的内容来填充这个时间段。

如果放在今天，这个操作也非常简单。我们会准备一些相关的短新闻片，或者邀请评论员、嘉宾等人员到演播厅进行交流。然而，当时我们过于轻率，认为预定的程序不可能出现任何意外。因此，那天没有嘉宾，只有我一人在演播室里，也没有准备太多相关内容。我们手上只有一条关于上海为迎接APEC拍摄的夜景新闻短片。电视台有一个不成文的规矩，大家都心照不宣地遵守：当所有其他手段都无法使用时，镜头会切换到演播室，由主持人进行解说，因为主持人是最后一个把关的环节。

由于是APEC节目的直播，内容自然需要紧密围绕APEC展开。然而，当时会议刚刚启动，缺乏先前的素材可供播出。如果我们能像后来那样，事先准备一些历届会议的相关资料，无疑能够向观众提供更为丰富的信息。但当时并未做足准备，我只是在APEC会议开始前去了一趟上海，观察并介绍了上海的各种准备情况。

于是我就开始跟大家说，我们非常重视这个会，上海人民特别热情，地铁里头挂着各种各样小锦旗，等等。然而，这些内容显然不足以支撑时长，于是，我只能车轱辘话来回说，可能你就稍稍转换了一下表述，其实说的还是这个内容，让我感到非常尴尬。如果那天真的有人打开电视观看这个节目，看到主持人反复说这点儿内容，他们可能会知道一定是出直播事故了。我们只好再次播放了一遍关于上海夜景的短片。“9・11”事件是在2001年9月发生的，而APEC会议是在10月召开的，这一事件无疑对国际关系和国际格局都产生了特别大的影响。所以我猜测那次会议肯定对“9・11”事件进行了深入的讨论，因为亚太经合组织是一个经济合作组织，中国当初加入这个组织时，主要聚焦经济合作议题。但美国当时却希望将亚太经合组织变成一个泛政治化的组织。“9・11”这个话题显然与政治紧密相连。所以我当时在考虑是否应该提及它，但确实把握不准，内心十分纠结。作为主持人，我仍然需要在演播室里谈论其他内容，比如我们如何热情地投入到准备工作中去。在那个时候，我特别期待耳机里能传来指导，告诉我接下来该怎么做，但耳机里偏偏鸦雀无声，死一般寂静。有时在直播中，我们可能会觉得耳机里的指示声很烦人，因为它会打断我们的思路。但经过几次这样的经历后，我意识到没有声音的时候比有声音更加可怕。因为在那时，你会感到前所未有的孤独和无助。

这种情况一直持续着，直到外面传来了犹如救命一般的声音："他们出来了，你可以进现场了。"事后，我甚至都不敢再回看那段节目，不知道自己当时的表现如何。只是听同事说，我自己在那里说了将近 20 分钟的废话。节目结束后，我们所有人都感到极度沮丧，个个灰头土脸的。回想起来，其实那个操作并不是多么复杂，如果放在今天，轻轻松松就可以搞定。但为什么当时会出现那种情况呢？说到底，就是我们对它轻视了，没有做好充分的准备。

这个经历，在我多年的直播生涯中，堪称最为尴尬的一次。究其根源，正是因为准备不足。自那之后，我深刻反思，任何一次直播节目，我都会准备出比实际使用至少多出一半，甚至一倍多的内容。我时刻准备着应对可能出现的任何突发情况。

经常有年轻的同事或朋友询问我，工作中是否感到紧张，以及如何避免紧张。经过思考，我认为避免紧张的关键在于几点：首先，你需要熟悉你的工作、环境、程序和所有操作方式，这样你会更有信心，不会感到紧张。其次，经验的积累也非常重要。当你遇到突发情况时，如果你有过处理类似情况的经验，你就能更从容地应对，不感到紧张。但是，所有这些都远不及事先做好充分准备来得从容不迫。这样的准备虽然会耗费更多的时间和精力，但在工作中却是至关重要且必不可少的。有时，人们会迷恋于或满足于那些瞬间的灵感迸发和火花闪现，这些在工作中确实存在，且能带来出色的表现。然而，如果总是寄希望于自己永远都能即兴发挥得很好，那就像是给自己埋雷。其实，什么都不如认认真真、踏踏实实地做好事先的准备来得重要。现在，我们中有些人可能感到焦虑，觉得被同龄人甩在了后面，担心自己是否达到了应有的水平。这种时候，我们往往会急于寻找捷径或诀窍，希望能够事半功倍地获得想要的结果。但我认为，老天爷始终是公平的，你付出多少，才能得到多少。只有当你积累到一定程度后，这些积累才会在关键时刻帮助你迈出最后一步，而不是从一开始就依赖捷径。

因此，如果没有当初那次尴尬的经历，我和许多同事可能仍然会沉浸于自我陶醉之中。正是那次的教训，让我们在后来面对突发事件的直播时能够表现得更加出色。当我回首往事，我特别庆幸并感激曾经遭遇过的那次尴尬。尽管至今为止，我仍没有足够的勇气再次回看那段录像，我觉得我一定会以头抢地的。

跟大家再说一个"如果当初没经过那一段"。2008年同样也是中国大事频发的一年，那一年既有奥运会，又有汶川地震。我们不久前刚刚度过了汶川地震十周年的纪念日。我之所以说"如果当初没经历过那一段"，是因为那段时间是我和我的许多同事工作中最为艰难的一段时光。自地震发生的那一刻起，我们就开始进行相关的报道，这一报道持续了整整半年。这也是自中央电视台新闻频道2003年开播以来，我们从未有过的长时间持续报道。在这半年里，我们经历了前所未有的挑战。我们不知道每天的节目会有多长，不知道在节目中会与镜头外的观众共同经历什么，也不知道今天可能会承受怎样的心理冲击、压力和情绪上的重创。就是在这样的困境中，我们相互扶持，共同度过了那段艰难的岁月。如果没有经历过那段时光，我可能不会如此深刻地认识到自己所从事的工作的价值和意义。

每个人从事任何工作，都可能会经历一段厌倦期，觉得缺乏创新和创造力，我也有过这样的经历。我曾经长时间地怀疑工作的价值。但2008年是个例外，它让我深刻认识到我工作的真正价值和意义。媒体的工作能让更多的人了解地震区的真实情况，知道那里需要什么样的帮助和支持，以及我们每个人可以如何贡献。同时，媒体还起着凝聚人心的作用，让人们意识到在困难时刻我们需要团结一致。那段时间我真切地感受到我的工作对别人是有用的，有意义的，有价值的。

回首自己走过的岁月和经历，我想说"没有岁月可回头"。人生无法重来，如果当初选择不同，或许今天会充满遗憾。但我认为，每个人、每代人的不同经历，最终都会殊途同归，因为最朴素的东西永远相通。尽管我们经历了种种，但我仍偏爱那些历经沧桑仍目光清澈、保有赤子之心的人，因为他们永远怀揣希望。我也担心自己会变得世故，眼神逐渐浑浊，看世界只剩下灰色。因此，我时刻提醒自己要用清澈的目光去看世界。世界固然有不美好之处，有灰色和黑暗，但真善美这些美好的事物，永远都在世界的某个角落等待着我们去发现。只要我们能找到它们，我们的人生将充满美好。

“做人”“做事”“做学问”其实都是最朴素、最本真、最不花哨的。如果我们真的可以认真做好这三件事，我们每个人的人生都将是特别美好和丰富的人生。

中国工程院院士。宁波大学植物病毒学研究所所长，宁波大学中国乡村政策与实践研究院首席科学家，省部共建农产品质量安全危害因子与风险防控国家重点实验室主任，中国植物保护学会理事长。曾任浙江省农业科学院院长，中国植物病理学会副理事长。长期从事植物病毒研究，尤其在病毒种类鉴定、病毒与禾谷多黏菌介体关系、病毒致病和植物抗病分子机制、病害发生规律和防控技术等领域取得创新成果。已发表SCI论文360余篇，主编专著11部、参编4部。荣获国家科技进步奖一等奖1项、二等奖4项，以及其他多项部省科技进步奖。曾获全国五一劳动奖章、何梁何利基金科学与技术创新奖、光华工程科技奖青年奖等荣誉，是全国优秀科技工作者、农业部全国首批农业科研杰出人才、国家人才工程首批科技领军人才和首批浙江省特级专家。

走向优秀，收获成功

陈剑平

◎ 2018 年 10 月 10 日，第 199 讲

尊敬的副校长，尊敬的张委员，各位老师、同学，非常荣幸今天能够来宁波大学梅山校区参观学习，同时有这样的一个机会跟大家交流。

"三做"讲座是宁波大学的一个品牌讲座，已经建设了近 20 年，总共有 199 期了。这说明"三做"对讲座人的要求非常高，我有幸能够以这样的形式跟大家交流，虽然我感觉自己的资格是不够的，但是跟同学交流我还是非常热情的，跟你们在一块，仿佛回到了年轻的时候。那么给大家讲些什么呢？我思考了一下：只要是年轻人，就会有很多的梦想和追求，如何使自己走向优秀、走向卓越，取得辉煌的成就，应该是大家所关心的，我结合了自己的一些经验、体会，和大家交流，希望可以帮助同学们实现梦想。

浙江大学的竺可桢老校长曾经问过学生们两个问题："同学们到学校里是来干什么的？毕业以后想成为什么样的人？"我想好多同学都会这样回答竺校长的问题："走向优秀、收获成功。"那么如何走向优秀、收获成功？

我觉得首先是理想信念。可能同学们觉得理想信念非常空洞，那我试图不空洞地跟大家讲理想信念，因为我觉得理想信念是走向优秀、收获成功的内在品质。什么是理想？我也不知道怎么回答，但是我根据自己的体会，归纳了几点。

第一点，我们靠知识解决已知的问题，但是世界上有大量未知的问题，或

者说世界本身就是未知的，那要解决未知的问题靠什么？靠探索，也就是创造知识，没有知识就靠信念。那么信念的高级层次是什么？是信仰。把信念高举起来，那就是信仰；把信仰的目标具体化，或者说把信念目标化，就是理想。所以社会理想就可以跟自己的心愿对接，而不显得空洞。中华民族的理想是什么？十八大召开以后，习近平总书记把“中国梦”定义为“实现中华民族伟大复兴”。那么什么叫“复兴”？第一，经济总量的超越，中国经过40年的改革开放，已经成为全球的第二大经济体；第二，百姓财富的超越，走向美好生活最重要、最基础的一条路，就是实现百姓的富裕。改革开放40年以来，中国发展迅速，但是因为我们人口多，所以平均下来，我们的财富还不够多。如果说我们中国经济总量超越了别国，百姓财富也超越了别国，我们就能从大国变成强国，成为强国之后，我们就能拥有政治话语权，在世界上我们的讲话就有分量。美国为什么这么牛？要打贸易战就打贸易战，要你给资产税就给资产税？就是因为它的经济总量世界第一。实现中华民族伟大复兴，就是我们所说的，在中国共产党领导下中国人争取政治话语权以及实施社会主义制度的策略。这就是我关于中华民族理想的理解，也是总书记的嘱托。

那么我们科技人员的理想是什么？我作为科技工作者和老师，理想是什么？我觉得也是四点。第一方面是对科技实力的追求，作为科技工作者，我们要把有特色的工作做出水平，把有水平的工作做出特色；第二方面是要有标志性、代表性的科技影响，科技圈一提到某件事就想到某个人，不需要别人介绍，就是做到了这一点；第三方面是要有获得感，科技工作者希望有合适的收入、愉悦舒适的工作环境，这样才能做到真正的团结、创新，不至于让大家每天为了生计而做不情愿的事情，这样也会有成就感，一个人做的工作对国家发展有价值，对人民的美好生活有贡献，同时能够得到尊重，活着才有意义、有价值、有幸福感；第四点是要做到科技实力的超越，科技影响力的超越、获得感的超越，归根结底就是体制机制的超越。所以工作的机构，比如学校、学院、研究所、工程机构等环境要人性化，制度要建构在法律法规上，建在人性上。以上是我们科技工作者的理想。我到宁波大学来，也是看中了宁波大学的氛围——人与人之间和谐的关系和优秀的整体环境。科技人员也是普通人，所以也讲究普通的人生要求，想要好的工作环境。

不管是国家、民族，还是每一个科技工作者、普通人，一旦有了理想以后，就会有力量的保护，特别是内在力量。共产党人抛头颅洒热血，推翻了旧中国的三座大山，完成了民族解放，让中国人站了起来，这就是理想信念的力量。新中国成立以后，我们建立了国民经济体系。改革开放40多年，中国经历了快速的经济增长和社会变革，从一个相对贫穷落后的国家发展成为全球第二大经济体。这一转变背后的核心动力之一就是让中国人民富裕起来的理想。随着经济的快速发展，中国的国际地位也显著提升，成为世界经济中的一个重要参与者，并且在某些领域成为领先者。这是国家和区域发展层面的理想。

我们每一个人在现实生活当中也有一些理想。比如说考大学，高中阶段你们的理想是考取宁波大学，所以在这样的理想支配下，你们勤奋地学习。如果没有理想，你们不会好好学习，也根本考不上大学。现在你们毕业以后要考硕士、考博士、做公务员、去创新创业，或者像我一样当老师等等，各种各样的想法都是理想，因为有这样的理想，你们才有动力，才会去磨炼自己，最后才能够实现理想。

男同学喜欢一个女同学而去追求女同学，也是一个理想，在喜欢、愿意跟她交朋友的力量支配下去行动。我想买车也是理想，我想买房也是理想，因为有各种各样的理想，我们会去努力，努力以后才能实现。那么现在我们国家要和平崛起，中国不仅从站起来到富起来，还要强起来，实现中国梦，这是中华民族的理想。所以在这样的理想的力量的支配下，没有任何人可以阻挡中国崛起。群体解放的理想也好，改造世界的理想也好，和平崛起的理想也好，个人的一些什么理想也好，归根到底还是要自我解放。你们考上宁波大学的时候，大家最大的差异也就是高考分数，可能有几分高低之别，但是没有太大的差别，你们是相似的。但是毕业以后，你们会分化。虽然在同样的一个学校里边，在同样的一个教室里边，在同样的老师教育下，但是你们毕业以后，差别会很大。如果说毕业十年以后同学们聚在一起的时候，大家的差异变大了，那么二十年以后再聚，差异可能更大。有些同学可能成家了，有些可能对社会作出了巨大的贡献，为什么会有这样的差异和变化？归根到底就是你们自己解放的问题。

所以我经常跟我的同事和学生讲三句话：不要抱怨，不要吹牛，不要骗人。其实这三句话不简单的，有许多人做不到。自己没出息，抱怨这个抱怨那个，说什么老天爷对他不公平，我认为他没有做到自己的解放。自我解放能够帮助他们成为有理想的人，有自我驱动的人。所以我觉得对同学们来说，心态是非常重要的，国家这么大，这么大的一个国家在决策的提出，在变化、发展中总有不尽如人意的地方，你为什么要去抱怨？你今天抱怨，说不定你明天想法就变了，这件事情你就没什么好抱怨的了，最关键还是要有理想，要自己解放，只有这样你才会不断地有动力，然后去改变这个世界，去创造辉煌。

我举个例子，大家应该都认识乔布斯，他现在已经不在了，但是大家一定会认得他的产品 logo，很多同学每天都用他的产品。乔布斯建立苹果公司的时候，有很多像他这样的人做着同样的事，为什么 30 年以后，他的"苹果"会成为整个世界的重要产品，许许多多人离不开它呢？我归纳了几点：第一，"苹果"源于愿望，愿望是最原始的，他研究、开发、生产这样的产品，基于愿望，然后他进一步升华；第二，"苹果"源于科学，愿望是原生态的、原始的，而科学是规范的，所以从愿望变成科学，"苹果"又得到了进一步的发展、提升；第三，"苹果"源于坚守，有了这样的理想，他就坚守，他建设得很好。为了这样的愿望，为了这样的科学或者理想，乔布斯坚持了三十年，其实在常人眼里，他是一个精微、偏执、不惧事实的疯子，一个心地干净的疯子。但就是因为他是这样的人，一直做一件简单的事，花 30 年只咬了一口苹果，按照我们中国人的理念的话，不要说 30 年了，3 天就想把苹果吃掉了。所以，人一定要有信仰，要在理想支配下坚守。

如果说一个人有信仰、有德行，他的气场就会变。一个人的气场变了，他的运气就会变，一个人运气变了，他的命运就会变。所以不要觉得这个人命运这么好，那个人命运这么不好。所以我们要改变命运，真正靠的是自己的信仰。没有信仰，你的命运就不会改变，你永远都是晦气的，永远都不在状态，永远都在抱怨这抱怨那，什么事情都做不成的，自己都看不起自己，所以我们每一个年轻学生首先就要树立自己的信仰。那么信仰是什么？什么叫“信”，什么叫“仰”？这很抽象。

“信”，首先是坚信，接下来是坚定、坚守、坚忍，特别是“忍”，把刀插在心上，很痛的，但是最后还是坚守，那这就是你的信。“仰”，什么叫“仰”？首先，要感恩，父母把我们养大，老师们教育我们、培养我们，同学之间相互帮助，要感恩他们，这很重要。但现在，感恩之心似乎少了，好多人都觉得理所当然，不会感恩，这样的人不大会成功，所以我把感恩放在第一位。第二条是尊重，我们做事情一定要尊重他人，因为你尊重别人，别人才会尊重你，你被别人尊重了，你才有尊严。尊严跟地位、财富没有关系，我们可以一无所有，但是我们必须赢得尊重，所以我把尊重放在第二位。第三条是精微，我们做事要科学、尊重规律，精微、认真，因为我们是做学问的，对学问要有敬畏之心。最后一条是珍惜，珍惜当下的美好时光，珍惜我们的生命，珍惜父母的养育之恩，珍惜老师的恩情。

如果以上几点都做到了，你就是有信仰的人，最后一定会有好命运。社会上的好人有三种类型，一种有情义，一种有道德，一种有情怀。什么叫情？愿意帮助认识的人是情。愿意帮助不认识的人，这样的人是有道德的，比如说你在马路上走，看到根本不认识的老人摔倒了，你把他扶起来，你就是道德模范。从某种角度上讲，道德水准要比情谊水准再高一点，也更难做到。那更高级的、更好的是什么呢？是有情怀，有情怀的人想的是国家大事，想的是人民。当下这个社会最缺的是有情怀的人，这是新时代的理想，也是人的一生之德。

做人有三种态度，跟理想信念有关系。第一种态度的人听了、悟了就去身体力行，结果就很成功很辉煌；第二种态度的人听了感到疑惑，但没有去认真地实践，这样的人可以从小看到老，小时候怎么样，长大了也是这样，老了也是这样；第三种态度的人是非常糟糕的人渣，现在的社会人渣数量也不少，不听还去嘲笑一下，这样的人会虚度人生，一事无成。所以我们要做哪一种？同学们一定会说我们要做第一种人。那么首先要虚心听，悟了以后马不停蹄去做、去实践，就能够有所成就，做人、做事、做学问，最重要的就是做，而不是一天到晚说但不做，最后一事无成。在这个时代最可怕的不是不进步，而是一个人看到别人进步的时候，还在拿放大镜看别人有没有什么毛病，捕风捉影，这是最可怕的，这种人也是最可怜的。

中国的历史传统文化和西方国家不一样，两者没有好坏之分，并不是我们比西方龌龊，也不是西方比我们龌龊，只是不一样。中国人做任何事情都要看天，天是趋势、工具和政策。要自我解放，搞清楚自己是一个做事的人，还是一个谋事的人。如果你是一个谋事的人，去做事，还行；如果你是一个做事的人，去谋事，那肯定不行。在这个社会，如果没有理想、思想和创新，就很难发展。中国的未来除了是干出来的，还有可能是谋出来的。所以同学们要有理想，要自我解放，还要把自己培养成谋事的人。那么如何做到自我驱动？我送给大家三个觉醒：生命觉醒、自我觉醒、灵魂觉醒。

首先是生命觉醒。身体和思维都要活跃，不要四肢发达头脑简单，要有自我觉醒的意识。天上不会掉馅饼，一切都从自己的行动开始。比如说男孩喜欢一个女孩子，觉得合适，那就大胆地去追求她，不要想太多。正确的事情想明白了，那就马上去实践。从科技工作者的角度讲，自我觉醒就是追求与科技相关的重大问题。有很多人事情做不成就抱怨支持不够、理解不够、配合不够、没条件、经费不足等等，他越这样想，就越平庸，我们的体制中有很多这样的人。我们换一种思维，没有困难的话要我们干什么？就是因为有困难，我们的人生才有价值，机会总是打扮成困难出现，机会不会告诉你“我来了，你抓住我”，没有这样的事情。机会跟困难是相依存的，出现在你面前的是困难，但你把它抓住，把它解决了，你就抓住了机会。

所以什么叫凡人？什么叫强人？什么叫超人？好比打篮球，如果这个球传给你了，你却接不住，那你是凡人；如果你把它接住了，抓住了这个机会，那你是强人；如果是超人，那是怎么样的？没有人把球传给超人，但是超人会想办法让别人把球传给他，然后把它接住。武则天就是超人，她原来是先皇的妃子，皇帝死了以后，就到尼姑庵里面去做尼姑，但她跟新皇帝结婚后变成皇后，再篡权变成女皇。一般来说是没有这种机会的，她是拥有巨大的自我驱动的一个典型。

接下来跟大家谈谈我自己是怎么树立理想的。我三岁的时候是一个胖胖的小男孩，我是在距离这儿大概 30 公里的一个小村子里出生的，在那儿我生活了 18 年，整天在一个小弄堂里面穿梭，直到上大学。我少年时候朦朦胧胧的第一个理想，就是做一个木匠。为什么想做木匠？是因为那个时候的生活很艰苦，吃不饱。每天下午放学的时候就是肚子最饿的时候，有时候看到邻居家请木匠师傅做家具，而这个时候木匠师傅可以吃点心，点心是一大碗的面条，上面还有一个荷包蛋。所以当时想的是木匠的工作真的太好了，我们三顿饭都吃不饱，木匠却可以吃五顿饭，早饭、中饭、晚饭还有早上的点心、下午的点心，所以我就很羡慕木匠。自然而然地，木匠在的地方，我就坐下来看，看着木匠，觉得蛮有意思，很有艺术性，木条在他们的加工下就可以变成家里的家具，我的兴趣很大。但是归根到底，那时是想解决温饱的问题。我当时小学五年级，13 岁，第一个理想就是长大做木匠。做木匠最起码需要 50 块钱买基本的工具，对我来说这 50 块钱是天文数字，我父母亲给我 2 分钱、5 分钱就已经了不得。也就是说，现实和理想出现了矛盾，所以怎么去实现这样的理想，也就是说首先要有 50 块钱，这 50 块钱怎么获得？

我当时想了两天，想出一个路径：捡破烂。然后我每天放学以后就不再去木匠师傅那里看了。人家打年糕、打锄头后会把煤渣扔出来，我就站在门口，等到他家关门的时候，就去翻找小的铁条。这样捡了一个礼拜以后，我发现进度太慢了，猴年马月才能攒够 50 块钱，同学们也笑话我整天捡破烂。当时的小朋友不像现在的小朋友有玩具可玩，那时候就连鞭炮都很稀罕，所以我就想了一个点子，把我前面一个礼拜捡的破烂卖掉，用换取的钱买了两串百响炮。我解开了其中一串放，有很多的小朋友听到以后就围着我转，他们也想要鞭炮。这些同学比我小一点，我在五年级，他们大概是二、三、四年级。我就跟他们讲："我还有一串，谁想看？"他们都想看，于是我说："你们去捡破烂，谁捡得最多，我就把这一串给他，第二个没有。”这些同学自然很积极，有些还不是自己捡破烂，而是把家里的锄头铁盘都拆下来拿给我，结果他前脚刚到，他父母后脚就拿回去了。通过这个方法，我很快就有了 50 块钱，通过两串鞭炮换取的 50 块钱。我这样就能够去尝试做木匠。所以我家有条椅子是我 13 岁的时候做的，没有钉钉子，全部都是我用木头做的。

我给大家讲这个故事，目的是想告诉大家，只要有理想，有动力去实践，你就能够实现理想。更有意思的是，今年的国庆节，我在老家发现当年帮我捡破烂的两个人，现在 60 多岁了，还是以捡破烂为生，比较高级的那种。他们也是从捡破烂中产生了创新创业的念头，其中一个同学专门把旧的船拆开卖废铁，也是做了老板，经济条件比我好多了，还有一个同学专门做不锈钢生意。他们两个人都是以此为生，一年收入好几百万。但他们第一次去捡破烂，是在我的忽悠下。所以，你们现在 20 多岁，如果说你们有理想但是不去实现的话，你们还不如我 13 岁的时候，你们要当行动派。我那时候做木匠做得好或者不好，这是另外的事情，关键是我实践想法时还感染了别人，使其发展成为别人的职业。

我真正确立理想实际上还是在大学。当时，唐觉教授深刻地影响了我，他今年 102 岁了，是浙江农业大学植物保护区的昆虫学教授，专门研究蚂蚁，是全中国最权威的“蚂蚁教授”。我大学毕业的时候，已经确定要留校做政治辅导员，那时学校的大学生毕业以后，同学们、师生们之间都会在精美的笔记本上互相留言。唐觉教授是我很崇拜的一个教授，所以我的笔记本第一页就请唐觉先生给我写留言，他就给我写了这么几个字：“陈剑平同学，学以致用，愿共勉之 —— 唐觉。”

唐觉教授 1948 年大学毕业的时候，浙江大学农学院的院长叫蔡邦华，他也是中国昆虫学的奠基者，他给唐先生毕业留言的时候，送给他“学以致用”四个字，所以唐先生一辈子牢记这四个字，之后又把这四个字送给了我，希望我也学以致用。因为唐先生在我心目中的影响力很大，我就跟学校说：“我不愿意做政治辅导员，我愿意学以致用，做植物保护。”于是我就带着唐觉先生的

“学以致用”,从事科学研究工作去了,后来又到英国去留学。

我博士毕业的时候跟别人不一样,我没有戴博士帽,就穿了一个博士的袍子。这是我当时给自己的提醒:我只是博士毕业了,只是在科学的殿堂里面或者说科学的高速公路上面,拥有了开车的驾驶证,但是我能不能开好车,我的科学研究工作能不能做好,还不好说。所以这个帽子是不能戴的,一戴以后就盖棺论定了,所以我拍毕业照没戴博士帽。

我第二次确定理想,缘起是回国。我回国的时候留学归国人员很少,因为中国的留学博士就很少,所以我回国这件事就登报了,很不可思议,但我回来是有原因的。我没有出国的时候,老感觉这个不行,那个不行,但是等到人在国外的时候,就感觉不一样了。当外国的电视一天到晚都在放映中国阴暗面的时候,很容易会让人感到不舒服。像计划生育,在国外的时候台湾一些女同志来跟我说:“咋回事?这好像是个人权问题。”又如,我在英国学问做得很好,老师们都很努力,领导都很激动——我的国家这个领域做得那么差,所以中国是不是出现什么问题了?再比如1995年的夏天,我们国家北京申请2000年奥运会的时候,以一票之差输给了悉尼,英国人也在申报奥运会,他们也输掉了,但是他们的市长发表电视演说时,其中有一句话特别气人:“虽然我们没有成功,但是我们很高兴,因为2000年的奥运会不在北京举行。”所以我觉得没必要在这个地方待下去,就回国了。

我是学植物病毒的,基本研究方向是对植物的保护、植物病理学等。回来之后,这么多年我学以致用,发表了一些文章,承担了一些课题,出版了一些书,培养了一些学生,也获得了一些国家奖。后来我被推给民政管理,当了五年浙江农会的副院长和十六年的院长,二十几年,我从一个小伙子,变成了一个小老头,做科研,也做管理。一路走来,回顾一下,还是觉得很难的:三分之一的事情想到了,说出来了,也做到了;三分之一的事情想到了,说出来了,但是没有做到;还有三分之一的事情想到了,但还没说出来。

当时在我的领导和大家的努力下,全国58个农科院中,不管是维度考评还是科技部考评,我们的单位综合都是第一。在浙江省农业不是主流,但是浙江农业的实力还是很强的，我们的植物与动物学、农业科学两个学科在2015年、2017年两次国际评估当中都进入了前1%。我曾做过一个总结，把我写的有关农科院的管理的200多篇文章中的100多篇专门出版。之后我就开始给省委打报告，要求辞职，得到省委的理解与尊重，去年三月份批准了我的报告，所以我下半年就回家了，加入了宁波大学。以上实际上是我第二个理想，即学以致用，做科研工作，兼做管理。

2011年我当选了中国工程院院士之后，出现了第三个理想，这个理想是因为一个女孩。那一年，我到浙江淳安山区去扶贫，在扶贫的过程当中看到一个女孩，她跟我家里的女儿年龄差不多，我对我的女儿是有愧疚的，别的家长们都是送背着书包的女儿、儿子上学，给他们辅导功课，给他们提供职业指导。这些事情我都没做，当然并不是说我不愿意做，我是没时间做。女儿对我有点意见，觉得爸爸这么不关心她。我也有一点愧疚，所以在出差的时候看到一个跟女儿差不多大的女孩，我自然就跟她聊天了："小朋友，你最想要的是什么？"小姑娘头也不抬："我最想要的是山核桃成熟。"我说："你是不是喜欢吃山核桃？"她的回答让我刻骨铭心："我才不要吃山核桃。"我很疑惑："你不喜欢吃的话，为什么向往山核桃成熟？"她说："山核桃成熟了，我爸爸妈妈就可以回家。"原来是个留守儿童。这样的孩子在中国有六千多万，三亿七千万的农民在外面打工。我做植物病毒的研究，做成了院士，我能帮他们多少忙，我也不懂。所以我就觉得我应该想办法，使自己有能力去更好地帮助这些留守儿童。

所以我的脑子里面产生了第三层理想，就是争取研究"三农"问题，以及解决的方案，并且把它作为一个使命。也就是说我从2011年开始研究，2012年提出"农业综合体"问题，并且得到了中国工程院的支持，出版了书籍，2014年的时候在绿城集团实践。2017年，"中央一号文件"首次描述了"田园综合体"。我在2014年的时候提出"乡村复兴战略"，为什么要乡村复兴？乡村"三农"问题怎么解决？我原来说通过建立"农业综合体"来解决农业产业面临的问题，不仅可以促进农业本身的发展，而且会进一步解决农村经济农民福祉问题，于是提出了“乡村振兴战略”，并且我们进行了大量的具体化实践。这得益于我20多年的农业科研管理经验，如果我没当过二十几年的院长，就没有战略性的思维，也做不来这些宏观的东西。

做管理我心里并不情愿，也很无奈，但尽管无奈，也认真做了，并且对后面要做的事情也还是有一点意义。所以原来我这辈子希望做一件事——植物病理的研究，现在变成一辈子希望做两件事——植物的研究、为农业作战。

去年的12月28日，我到宁波大学来做老本行，进了宁波大学植物病毒学研究所，如此幸运，可以和大家一起实现中国乡村振兴。这件事是我跟农业部科技教育司的原副司长刘艳的约定，因为我们五六年之前就在做这个事。为了加入宁波大学，她今年9月份已经辞职，辞去了副司长这个职位，可见其高风亮节。我看到退休的批文，觉得有点冷冰冰：“因机构改革，免去刘艳同志的职务，提前退休。”但是高兴的是最多再过半个月，也就是十月份，她就能到我们宁波大学报到了，来团结我们宁波大学相关的老师、同学。当时她跟我聊的时候说：“我们宁波大学只有一个‘海洋科技战略’，如果陈院士你来，我们就可以增加第二个战略——‘乡村经济战略’。”这时候十九大已经召开了。我做这件事，挺不得了的。我也选择了好多学校，之前有33个高校都竞价聘请我，后来我跟刘副司长商量来商量去，结果是她也支持我到宁波大学来。

宁波大学的学院学科为乡村振兴可以团结起来。我如果到某一个农业大学去或者到浙江大学去，有很多现成的东西，真的很轻松，甚至有的乡镇村子也有很多的农业学院。但是问题是他们没有像我们宁波大学一样把学院联合起来，而乡村振兴恰恰需要资金，法学院、教育学院、商学院、建工学院、人文与传媒学院、海洋学院、旅游学院以及昂热大学联合学院等都在大力投资，这肯定是全中国第一个乡镇城市研究机构。如果我们有条件再演变成一个乡村振兴学院，一年就需要一万个学生，并且本科毕业生每年的工资可以达到五十万元。现在全中国的高校没有一个乡村振兴专业，绿城集团、蓝城集团等房地产企业在做乡村振兴战略，但是没有专业的人才。我们能够为这些全国前十的房地产公司培养乡村振兴的专业人才。

但是如果围绕“产业如何发展”“房子怎么造”“生活怎么过”的农村地区的三个问题讨论综合解决方案，这就对头了，而这样对头的人才稀缺。所以我们第二个提出的战略是“乡镇政府战略”，我们具体聚焦了六点：政府要粮食，农民要效益，吃得要放心，环境要绿色，竞争力要强劲，农村要美丽。围绕三个问题讨论综合解决方案，城乡一体化的模式与机制，是我们乡村振兴研究院聚焦的、要解决的问题。最后我们提出了一个外来的工程——“百亿计划”，这也是十九大提出的。

2014年我跟蓝城集团董事长有一个约定：我们能不能做100个特色农村，每1个投资100个亿，每个农村解决2到3万农民的生产生活升级问题？我们通过这个计划的1.0版本、2.0版本、3.0版本辐射带动全国1万个农村的建设，每个农镇两三万人，这就解决2到3亿中国农民的生产升级。十九大召开以后，全国特色农业小镇建设计划全面铺开。这样的战略，源于理想，推动理想的原动力是小姑娘的眼泪。

光有理想还不够，还要落地。“善于学习，与时俱进”，是走向优秀、获得成功的必然途径。

首先我们要了解这个世界，所以我讲了一个很大的题目，叫“这个世界需要重新构想”。这个世界在变化，首先，互联网时代到了，“分享经济”第一个需要重新考虑的定义是“财富”。什么叫财富？50年前的财富跟现在的财富内涵是不一样的，50年以后的财富跟现在的财富也不会是同一个概念。因为财富形态的演进，组织结构也在经历从垂直层级向扁平化、自我驱动模式的转变。过去的媒体是电视、电台、广播杂志，而现在微信、微博，自媒体发展势头很猛烈。实际上，以后就业、机构都会越来越注重个人独特性，这就是创新创业的概念。商业的概念也变了，过去仅仅是赚钱，现在也赚不了这么多了。因为过去信息不对称，市场、供应、需求、生产不对应，所以有差价，有差价就有利润，所以企业是因为利润、生产、销售的过程才赚钱的。现在互联网一来，信息对称了，差价也没有了，所以有的企业就趴下了，越是大的上市公司，趴下来越快。商业也不止赚钱了，还要赚名气，所以分散在区块链、交易分配、住房等公共领域。因此我们在学的时候不能闷着头，而是要看整个世界，重新构想。你能够看清楚，能够去谋划，那你就是主角，这就是学习的能力。

引用马云的一句话："这是一个摧毁你，却与你无关的时代；这是一个跨界打劫你，你却无力反击的时代；这是一个你醒来太慢，干脆就不用醒来的时代；这是一个不是对手比你强，而是你根本连对手是谁都不知道的时代！"正在大跨界的时代告诫你：唯有不断地学习才能够立于不败之地，如果你什么都不敢尝试，你就永远不会成功，机会就是留给有准备的人的。它把人分成三类：第一类人是能者居上，第二类人是智者居侧，第三类人是闲人居下。不同的人有不同的策略，这个过程就是学习。

但是学习学什么？我们大学四年学什么？大学一年级学知识，大学二年级学方法，到了大学四年级学境界。如果你有了境界，就可以毕业了，如果你没有境界，就说明你还有问题，所以我们学习要学得灵活。人生更重要的是改变，但是不能瞎改，要与时俱进，与时俱进是改变的源泉。老师同学安慰别人经常说一句话：是金子总会发光的。我不太同意这句话，我觉得金子不会发光。可能有些女同学有金项链，晚上寝室睡觉灯关了，你看看这金子会发光吗？如果只看天赋，我们"三做"讲座也不要了，所以天赋并不重要，重要的是改变，你会不会改变？善于改变，你就永远是先驱者、先知先觉者、领导者。

古今中外的一群人是"改变家"，他们就是改变世界的人。他们在改变世界的时候都很年轻，所以我告诉大家，任何一次改变都不是瞎改，改变是很痛苦的，有些时候需要一个漫长的过程，但是必须去改变。因为你改变了，你就是先知先觉，你就是领导者；如果你后知后觉，那就是跟随者；如果你不知不觉，那是淘汰者。对学校来说，改革非常重要，不改革是没有出路的。我们每一个人的自我驱动也是需要的，所以说用理想再次改革，但这个理想应该建立在现实、目标之上。每一个人应该进行一场独立的改革，这里的改革是要建立健康的科学文化。不同的科学文化也决定了不同的科学家的视野、眼界，决定着不同的科学家发现问题路径的不同方法以及他们不同的解决问题的策略。

所以高等院校培养人才非常重要的是，建立一个健康的科学环境。只有在科技文化的指导下，才能成功地培养人才，并实现可持续发展。科学文化就是科学化，是把价值体系营造为准则和社会规范，也就是人们自觉、不自觉遵循的一种生活态度，或者说是工作方式。现在，我觉得我们国家最要命的，就是科学文化的内涵不够。同学们在学习过程中要去关注自己的问题，养成好的习惯，崇尚追求真理，维护科学传统，尊重科学知识，坚持实验方法和数学方法，推动科学真理的发展。

“人格的完整，高尚的品格”是走向优秀、获得成功的决定性因素。前面说的学习是智商，占你成功的 30% 左右；人格高尚是情商，对于走向优秀，获得成功来说，占 70% 左右，而这个大部分都是后天培养的，不像智商一定程度是先天的。

同学们现在还处于学生时代，可能还感觉不到人格、情商对事业成功的作用有多大，因为你们的工作、学习都是独立完成的，最后的考试也都是一个人的考试。实际上这些在你整个的生活过程中，只占了 30%，70% 是接下来我要说的东西，都是我自己的体会。

我刚刚大学毕业的时候骑三轮车，三轮车上面有几个热水瓶，我去食堂里面打开水。我们研究所里面有 6 个老师，我上班以后发现一个现象，这 6 个老师每天早上上班的时候非得把热水瓶带来，下班的时候再带回单位的家属区。一天喝一热水瓶的水，喝完了也就喝完了，没喝完就倒掉，再拎回家。这 6 个人周而复始，干同样的事，井水不犯河水，不知道干了多少年，我也没有考证过。我发现了这个现象后就跟老师们说：“你们能不能下班的时候把热水瓶放在门口，我第二天早上帮你们收起来，然后我骑着三轮车吃早饭，吃完后把开水打好，放回原地？”我这个建议得到了老师们的欢迎。而这样一个小小的工作，我大概做了三个月，三个月以后有一个老师跟我讲：“小陈，我得到一个农业部的重点项目，你愿不愿意参加我的课题？”所以我就到他的课题组里面去了，同时跟我到研究所报到的一批人当中也有硕士研究生，他没有要硕士研究生，而是要我一个本科生，为什么会要我呢？归根到底，就是我愿意帮助别人，我给他打开水了，对不对？所以他就要了，就这么简单。

所以也就是说与人为善，助人为乐，也没有私心杂念，在不经意当中完全是做好事，会有意想不到的结果。同学们也可以试试看，要破除功利心，如果说要为了某一个目的去做一些什么事，你坚持不了的，我大概是打了三个月以后才这样发现的。如果我是为了进入哪位老师的课题组，两个月坚持下来，老师还没反应，我肯定就做不下去了。所以不带功利心地去做一些你认为可以做的、值得做的，自己也不难不累的事情，一定会有意想不到的结果，做人要实实在在。

做人还有非常重要5个字：智、忍、仁、勇、诚。这就好像一只手的五根手指。智慧是大拇指，可以通过智慧来体现忍、仁、勇、诚。忍是一把刀插在心上，痛对自己，对自己要忍，对别人要仁，仁爱待人，与人为善，这两个字绝对不能倒着使用，让人家忍着，你就完蛋了。勇，是担当、勇敢是吧？再开个玩笑，你如果说为了一个女生，有担当、很勇敢，她就嫁给你做你老婆了。诚，是诚实、诚恳、忠诚。这4个字是另外4个指头，不能弄错，在大拇指智慧的调控下，遇到事情想一想，我这件事该用哪一个字来做。这是做人，你做到位了，也会有很好的效果。还有一定要有精神、目标、榜样。精神也就是理想信念，目标一定要有，在追求目标的过程当中还要有榜样。你在大学时代，以某个同学为榜样，研究生阶段，你再找一个榜样，榜样不断地变，目标也随着变。做人一定要知人知非，这个很重要，不要见人说人话，见鬼说鬼话，这一套在科学上是肯定不行的，这样也做不了真正的学问。做人一定要公平、奉献，有才干和激情。

第二个话题叫利他。人的动力是理想，理想最后会变成一个愿景，而愿景里最重要的是利他。你利他，那么也会有更多的人利你，这个一定是这样。勇于改变、选择，这是个非常重要的境界和非常高的品格，不是轻易能够实现的。成长的时机很重要，认准时机，大家要对压力、风险和生命有足够的理解，并且能够经常地反思。

还有一个话题是策略的选择，选择也很重要。何以战，以何战？这里我举三种人的例子。第一种人跟别人比，那是赛跑；第二种人跟自己比，那是突破；第三种人跟天地比，那是机遇。心有多大，舞台就有多大，你想解决什么样的问题，你就能解决什么样的问题，认真就能做到。你的驱动体系是什么，你的团队的驱动体系是什么？这里我引用《大军师司马懿》中的一句话：“臣一路走来，没有敌人，看见的都是朋友和师长。”我们行业里有好多人都抱怨，这是不对的。如果说一路走来你看到的没有敌人，有这样的一种胸怀、眼界，你一定就是司马懿，一定是成功的，有很多敌人都是你自己树起来的。

如何做一个管理者？简而言之，就是有智慧。智是做事的本领，慧是做人的本领。智和慧的“化学反应”结果是什么？是要懂得放弃。放弃越多，得到的也就越多，并且会得到增值。你看我自己又当院士，又当院长，太多了，我只有放弃，我放弃什么？我放弃了院长，我就把院长给别人当了，别人多欢喜，我自己也轻松了，我得到的也更多了。放弃越多得到的越多，然后就会得到尊重，这是种境界。我觉得我们的同学现在还年轻，可能很多还没有足够的体会，你们理解不了没关系，但是要记一记下面的几句话。

第一句话是把别人当作自己，这是慈悲。别人的困难就是我的困难，我怎么帮自己就怎么帮人家。第二句话是把自己当作别人而无我。假如你今天口很渴，想喝水，但是只有一杯水，你是拿来就喝了，还是先看看同学们要不要喝这杯水。如果说你很想喝这杯水，你没去喝，让给同学喝，你就是把自己当作别人，无我。第三句话是把别人当别人，这是智慧。别人当官了、发财了是别人的事，自己当自己，该吃吃，该玩玩，该睡睡。人生潇洒走一回，重在参与。保持基本纯粹是很难做到的，假如有人做到了，那他是怎么做的呢？归纳起来就是践行理想信念，反省自己。

人生要丰富多彩，所以我除了工程学习还有业余爱好：打球、做木匠、给我老婆拍戏。一个人一生当中会遇到“四个人”：高人、贵人、亲人、小人。高人给你指点虽然没多少，但关键是高人可以指点。有贵人相助，你好多事情可以做成。你成功的时候，亲人们跟你一块分享喜悦，你工作遇到挫折困难的时候，亲人给你排解苦闷，你会很感动、很感谢。这三种人很重要，但更重要的是小人。如果你身边没有小人，说明你是小人；如果你身边都是小人，你也是小人。因为如果你身边没有小人，说明没有人把你当回事，你是没有竞争点的。

如果你身边都是小人，也就都是不喜欢你的人，恰恰你是不被大家喜欢的人，所以你就是小人。

所以比较理想的状态是大量的高人、贵人、亲人和个把小人，那么这个时候你应该感谢个把你不喜欢的小人。因为有这样的小人出现，说明你已经长大了，对不对？某个小人，羡慕嫉妒恨你，你去反思一遍，做了什么，想想如果没做错事的话就坚持；如果你觉得自己做得不够好，那你就去改进，没有他的羡慕嫉妒恨，你不会去改进。也因为有这样的小人监督，你会如履薄冰，不容易犯错。所以最后，高人可以不感谢，贵人可以不感谢，亲人可以不感谢，小人你一定要感谢一下。人可以有小算盘、小利益，但绝对不能占小便宜。要记住这句话，你占小便宜妨碍别人了，肯定不行，人生的船是要翻掉的。

第四，“认真努力和坚持不懈”是走向成功的内在品质。个人和单位都有各自不同的责任。我们作为一个具体的个人来说，我们的责任是成长，在社会当中，我们唯一要做的事情就是认真地工作，把自己锻炼得十分优秀，使自己终身受益。把自己锻炼得十分优秀，不仅仅是对社会的尊重，也是对自己的资源开发与人生的尊重。把自己锻炼优秀，可以提高收入，也有助于开拓心智和反省总结。

在工作当中，应该锻炼自己的心态。锻炼什么样的心态？就是把艰辛和劳动作为人生的必修课，把认真和负责作为工作的必修课。也就是说，哪怕你工作很痛苦很无聊，还是得认真。只有认真的人才会成功，不认真的人不可能成功，只有付出超常的努力，才能得到超常的成果。

我们生物学当中有句话叫“种瓜得瓜，种豆得豆”，这是遗传。不付出高质量、高智慧、高强度、高难度的劳动的人，他怎么享受丰硕的成果？外国人有一句话叫“天下没有免费的午餐”，中国人有句诗是“谁知盘中餐，粒粒皆辛苦”。一分耕耘，一分收获。我们每个人都在生产产品，认真工作的人才能得到精致的产品，这是认真工作、追求理想、追求完美的表现。在整个过程当中都必须做到精致，它的结果才必然是精品，对产品和服务品质的追求都要认真。

什么叫认真？人在明确的背景、环境当中对确定的目标，或者说是真相，不断增加认知和坚定信心，就是认真。所以我们在每一个环节当中都应该认真，如果不认真，无论是在自己的生活范围内，还是在别人的生活范围内，都是“人渣”。所以自己优秀，才能享受工作的成果，松松垮垮是打不了胜仗的，只能成为强者的垫脚石、口中食。所以我们每一个人都应该自觉让自己优秀，有学习的责任心，获得扎实的工作技巧、良好的协调能力，这些都是安身立命、养家糊口的资本，现在这个世道已经变了，混饭吃的地方已经没了。

所以我们只能用自己的刻苦努力和聪明才智，让自己变得更加优秀，这样才能够享受丰硕的成果或者美好的生活，这样的人也是单位最大的财富。从我自身来说，我需要把个人的追求跟国家的需求结合，所以我研制的科技大部分都是国家战略的“大门”，就和开矿一样，首先要抓到富矿的位置，再用科学的方法去开矿。如果找到的是贫矿，即便用科学的方法去开矿，也开不出什么东西。作为学生，学习、掌握本专业的动态很重要，看文章要尽可能看好的杂志，一般性的杂志太杂了，要少看。做工作要通过学习去总结前人的经验，因为任何人做工作都是站在巨人的肩膀上面拼搏的。

在做工作过程当中，一定要刻苦认真，反复求真，精益求精。比如说，我20多岁的时候要把真菌做成商品芯片，真菌只有5微米，所以我切了一万片真菌切片，看了一万片真菌切片。这是什么概念？也就是把真菌放大几十万倍，像切西瓜一样切下去，这样重复了一万遍。在大量的工作中也刻苦认真，反复求真，精益求精，才能够做出这样的东西。如此一来就没有人能颠覆你的成果，你的技能会让你不可能被人杀死。我们做工作，不管是科研工作还是其他的工作，一定要坚持这十二个字——“严守底线，长期坚持，立足基本”。你要么不做，要做的话，东西就要完整。说起来我承担过很多课题，归纳起来也就五六个研究方向，但我这五六个研究方向全是国家级。

当然我们也不能死板，记得我做毕业设计的时候，老师给我设计的课题看起来很简单，实际上很难，做不成。我苦恼了半年的时间，最后把它换掉了。换了方向以后我就做得很顺利，做出了非常好的成绩。还有我们的工作——农业科学，需要理论设计和产业发展，另外团队合作也很重要，我从1989年开始跟英国人的合作,持续了二三十年。

说实在的，不管是最好的时代，还是最坏的时代，不管是旧时代还是新时代,都是别人定义的时代,只有自己奋斗过来,才是无愧于我们自己的时代。

我今天跟大家交流真正的目的,不是让你们从我这里找到什么答案,而是让你们从今天开始思考，有一个新的开始。比如思考这些问题：工作是什么？应该怎样去做工作？工作对于人生的意义是什么？工作的崇高境界是什么？这些最基本的问题都是需要我们共同面对的。如果我们被动地接受工作的要求，那是最低级的状态，其意义仅仅在于养家糊口，当然这也是最基本的。但是如果我们积极主动地去完成工作，追求工作的完美，追求工作成绩的卓越，进而追求工作的崇高境界，这就是真正的经验。这样你就能得到社会的尊重，同时这也是自己的责任。像宁波大学这样的机构，正是由有经验的人构成的，所以才能够生存和发展下去。最后再强调一下,一定要认真,千言万语就是一定要认真,认真才能成就优秀的自己。我就说到这里,谢谢大家。

宁波大学校长，经济学博士、教授、博士生导师。第十三届全国人民代表大会代表。兼任环球中国环境专家协会（PACE）会长、中国生态经济学学会副理事长、浙江省生态经济促进会会长、浙江省社会科学界联合会副主席、浙江省重点创新团队“生态经济团队”带头人、浙江省高校新型智库“宁波大学东海研究院”院长。国家“万人计划”哲学社会科学领军人才、中宣部文化名家暨“四个一批”人才、教育部“新世纪优秀人才支持计划”入选者、浙江省有突出贡献的中青年专家、浙江省“新世纪 151 人才”第一层次及重点资助人选。

弘扬“宁波帮”精神，推进“双一流”建设

沈满洪

◎ 2018 年 12 月 13 日，第 200 讲

亲爱的同学们、老师们，我很高兴来到“做人做事做学问”名家讲堂。我不算名家，我最多算是国内小有名气的生态经济学者，但并非著名经济学家，与吴敬琏、厉以宁、林毅夫等大家还有差距。我希望通过此次讲座，努力成为真正的名家。不是因为我是名家才来做讲座，而是通过名家讲座激励我努力工作，做好研究，为国家作更多贡献。

今晚讲座的题目是“弘扬‘宁波帮’精神，推进‘双一流’建设”。这个讲座内容是我们集体劳动的成果，包括办公室、宣传部、学工部、研工部、校友办、发展规划处、港澳台办等等，很多部门都为这个课件付出了汗水，我把大家的劳动成果，通过我的嘴巴，做一遍表述。

张委员早在两个月前就与我预约了这场讲座。我曾有幸主持过潘公凯、王小丫等人的讲座，并且主持得还算可以。但要我自己来做主讲，我感到有些难度。既然要讲，我就要真诚地表达自己的心声，宁波大学发展至今天这样的高度，最要感谢的是“宁波帮”，我们要“饮水思源”。没有“宁波帮”没有“宁波帮”精神，就没有宁波大学，更没有宁波大学“双一流”的地位。同样，如果宁波大学想要建成“双一流”大学，真正通过“双一流”的验收，建成高水平大学，我们同样需要用“宁波帮”的精神来武装自己。我的讲座内容分三个部分：第一部分，“宁波帮”精神与宁波大学；第二部分，“双一流”计划与宁波大学；第三

部分，以“宁波帮”精神武装师生来推进“双一流”建设。

第一部分是“宁波帮”精神与宁波大学。关于“宁波帮”精神的形成背景，首先是一个地理特征。中国自古就有商帮文化，包括山西的晋商、安徽的徽商。历史上没有浙商，近代才有，其中最有名的是“宁波帮”。迄今为止，以籍贯计，宁波籍的两院院士数量为全国第一，包括诺贝尔奖得主屠呦呦也是在宁波诞生的。以城市为单位统计所出的著名企业家，宁波也是首屈一指的。宁波为什么会涌现出“宁波帮”？其中一个重要原因与其独特的地理特征密切相关。浙江省在农业文明时代实际上是蛮荒之地。农业文明时代最好的地区是八百里平川的关中平原，因此西安、洛阳能够成为十三朝古都。另一个重要地区则是河南，开封、洛阳、南阳等地都曾成为首都。在农业文明时代，有了土地和水资源的保障，种子撒下去，到秋天去收割就可以了。浙江是一个人多地少的地方，“七山一水两分田”，只有那么一点点的土地，但是要养活那么多人口。我的家乡东阳便是如此，人均只有三分田。因此，东阳人认为，只要能走出县域范围，在外地发展，你就是好汉，你就是英雄。这就是所谓“离乡知贵”。为什么要倡导这种文化呢？因为本地的资源有限，难以养活所有人，只有到外面去闯荡才能找到出路。实际上，宁波也是一个类似的地方。在农业文明时代，宁波并不显眼，但随着工业化进程的推进，工艺品的发展基于分工的原理，分工带来了贸易，贸易则促进了商业文化的形成。因此，我们“宁波帮”的兴起与工业化进程和商业文化的形成紧密相关。宁波也是最早开埠的城市之一，并成为上海三大人才来源地之一。上海这座城市的人才来源主要有三个：首先是宁波，其次是苏南，再次是全国各地。尽管有人将我们戏称为“乡下小瘪三”，但宁波人在上海的地位却非常高。我参加刘浩清先生的葬礼，午餐时，宁波的客人被优先安排在了最重要的贵宾第一桌，这就是宁波人在上海的地位。因为上海的商帮文化虽然博大精深，但其根源与宁波紧密相连，是宁波人将商业文化带到了上海，推动了上海这座大都市的兴起。这是地理特征所带来的影响。

宁波还有一个很重要的文化特征。在传统社会中，农业被视为根本，其他行业往往被视作辅助。然而，浙东文化却提出了独特的见解，认为经济社会的发展必须重视工业和商业的发展，这种发展又是基于分工的，因为分工能极大地提高劳动效率。这一观点与亚当·斯密的“斯密定理”不谋而合，即农民因缺乏分工而劳动生产力较低，而工人因分工的存在而劳动生产力较高。浙东文化中的“工商皆本”思想，孕育了以务实求真为特色的浙东学派，包括注重实践的四明学派和强调“知行合一”的阳明文化。这些文化总体上倡导“实事求是、经世致用、务实求真、知行合一”的原则。

宁波大学的校训正是“实事求是，经世致用”，它强调注重实际、追求实效、开拓创新和实干创业的精神。“实事求是”对应的是对创新的追求，即发现客观存在的规律，并基于此进行创新；“经世致用”则是指将这些知识和理念应用于实际，以实现创业和发展的目标。宁波大学在创新创业和创业成绩方面取得了显著的成就，例如去年的和今年的“互联网+”竞赛中，宁大金牌数全国并列第三，这确实令人难以置信。连续六年荣获“挑战杯”（全国大学生系列科技学术竞赛）全国优胜杯，全国仅有五所学校达到这一成就，而我们宁波大学正是其中之一，前后均为“985”高校。我们能够与众多顶尖高校平起平坐、独树一帜，这让我感到无比骄傲和自豪。这一成绩并非偶然，它与我们宁波大学对创新创业的重视以及浙东文化、“宁波帮”精神的熏陶紧密相关。浙东文化中的“工商皆本”思想鼓励我们务实求真、经世致用；而“宁波帮”的创业精神更是激励我们敢于创新、勇于实践。这种文化精神在我们宁波大学的师生中得到了广泛传承和发扬，使得我们在创新创业领域能够取得如此优异的成绩。这一成就不仅是我们宁波大学的骄傲，也是整个浙东地区和“宁波帮”的骄傲。我们将继续秉承这一精神，不断推动创新创业事业的发展，为国家的繁荣和社会的进步作出更大的贡献。

邓小平在 1984 年曾经指出，宁波拥有两大优势：一是宁波港，二是“宁波帮”。如今，宁波港的发展已经取得了令人瞩目的成就，特别是宁波舟山港实现一体化发展后，其货物吞吐量已跃居全球首位。在集装箱吞吐量方面，去年宁波港已位居世界第四。而根据今年上半年的统计数据，我们预计宁波港的集装箱数量将进一步攀升至全球第三，成功超越香港。这一成绩充分证明了宁波港的卓越实力和对全球航运业的巨大贡献。

海外“宁波帮”人数虽不多，但其影响力巨大，要把全世界的“宁波帮”都动员起来建设宁波。包玉刚先生不仅慷慨捐资支持宁波大学的建设，还对香港回归作出了重大贡献。中国政府曾多次邀请撒切尔夫人访问北京，但她深知邓小平同志的厉害，拒绝前来。于是包玉刚先生向英国以高于其他国家的价格订购了两艘轮船，其中一艘在上海下水。轮船下水是一个吉利的时刻，他以此为由邀请撒切尔夫人来上海参加剪彩仪式。包玉刚先生是撒切尔夫人的好友，又高价购买了英国轮船，撒切尔夫人便迅速答应了邀请。当撒切尔夫人来到上海后，包玉刚先生进一步建议她既然已经来到上海，何不顺便造访一下北京。这一建议打动了撒切尔夫人，她最终决定前往北京。正是在这次访问中，邓小平同志确定了香港回归的基调。谈判结束后，撒切尔夫人离开人民大会堂时心情不佳，她未料到邓小平同志的坚定立场，她在走楼梯时不慎扭伤了脚。

“宁波帮”精神有五个方面的内涵，一是大爱情怀，二是创新创业的双创精神，三是诚信品德，四是开放思想，五是互助风格。

第一，“爱国爱乡、造福桑梓”的大爱情怀。“宁波帮”中，确实有许多成员因受到不公正的待遇而离开宁波，甚至离开大陆。然而，即便身处他乡，他们依旧怀揣着对祖国和家乡的深厚情感，这一点令我非常动容。他们中的许多人并非自愿离开，而是被迫的选择。但即便曾经对他们不公，他们依然选择回报，用他们的方式支持着祖国的发展。例如邵逸夫先生，他将大部分个人财富都无私地捐赠给内地，捐赠教育资金高达47.5亿港币，捐建的项目总数超过6000个，以“逸夫”命名的全国大中小学楼馆达3万座，仅在宁波就有24个，包括我们宁波大学邵逸夫图书馆、逸夫楼等等。尤其是改革开放之初，我国的国力还相当薄弱，如果没有他们的捐建，许多项目可能都无法启动。回想1978年，全国的人均GDP才190美元，这样的收入水平连基本的温饱都难以保障。在那个时代，每一分钱都特别宝贵。

第二，“敢为人先、自强不息”的“双创”精神。曹光彪先生为人慷慨，不仅在香港捐建了许多大楼，在浙江大学和我们宁波大学也有捐建。1979年，曹先生在广东省珠海市投资并开办了香洲毛纺厂，是首位到内地投资的港商。当时，我们缺乏资金，但拥有土地、劳动力和其他生产要素，急需外来投资。曹先生起到了极好的表率作用，他的投资带动了整个广东省外向型经济的发展，港龙航空公司也是由曹先生等人开拓的。以曹先生为代表的财团的投资不仅促进了内地的发展，还引领了其他香港实业家以及国外投资者前来中国投资。这就是为什么总书记如此强调我们必须深化改革、扩大开放。因为我们是改革开放的受益者，如果没有开放和外来投资，中国不可能在短短40年内取得如此辉煌的成就。

第三，“以诚为本、信誉至上”的诚信品德。宁波商帮特别强调诚信经营，注重回头客，这无疑是宁波商界的一个普遍特征。当投资者来到宁波，与其他地方相比，他们会发现宁波的营商环境优越，政府服务态度亲切，且交易成本相对较低，享受到的服务质量也属上乘。一家优秀的企业往往容易因债务问题陷入困境，而在宁波的商家交易中，拖欠款项和三角债的问题相对较少。宁波商帮之所以能在竞争中脱颖而出，正是因为我们始终强调诚信经营。一个典型的例子就是王宽诚先生。他是鄞州人，自幼受良好家风的熏陶。成年后本着立身处世，必须待人宽厚、诚实守信的信念，因此改名为“宽诚”。他的儿媳妇虽然已经八十多岁，但我第一次拜访时，她看起来竟如同四五十岁般年轻。如今，王宽诚先生已将事业传承给了他的两个孙子。王先生在经营企业时，每次约定早上十点交流时都不会迟到，通常提前两分钟，也不会太早到，以免浪费时间。在捐赠项目中，他也始终言出必行，对我们提出的要求始终如一。这种诚信精神不仅在他们家族中得以弘扬，也深深地影响着我们的老师和同学。这种品德，无疑是我们应该学习和传承的。

第四，“海纳百川、兼容并蓄”的开放思想。“宁波帮”以其高度的包容性著称，他们致力于学习他人之长，例如，包玉刚先生的女儿们都曾在芝加哥大学和普渡大学深造。同样，宁波在发展过程中也积极吸纳来自世界各地的优秀人才。这种包容性成为宁波独有的品质。我虽非宁波人，但在宁波大学担任校长的四年半时间里，我深切感受到宁波是一个能够成就事业、不排外、充满包容与开放的城市。只要你具备能力并取得成绩，这里就会接纳你、认可你，并全力支持你。这一切都与“宁波帮”的精神紧密相连，是这座城市独特魅力的体现。

第五，“风雨同舟、互相扶持”的互助风格。我们可以看到，“宁波帮”在各地形成了众多商会，例如我每年都会拜访的香港甬港联谊会、世界中华宁波总商会、澳门苏浙沪同乡会、台北市宁波同乡会、新加坡宁波同乡会、宁波旅日同乡会、纽约宁波同乡会等。这些商会不仅让我们与老乡相聚，用宁波话交流，品尝宁波的美食，重温乡愁，更成为企业家们互相帮助、取长补短、协作共赢的平台。“宁波帮”人士特别注重提携后辈，传递正能量。

例如为宁大捐赠了 11 个项目的魏绍相先生。魏先生原本是一个小企业家，初到香港闯荡时，包玉刚先生给了他十来万的一小笔资金支持，结果做生意亏掉了。包玉刚先生知道后，再次给了他一小笔钱，让他继续去创业。依靠这笔钱，魏先生创业成功了。如今，魏先生九十岁了，他的老伙计们八十几岁、六十几岁了，他们仍在破旧的工作坊里一起加工产品。我几次去拜访他们，深受感动。魏先生每当赚到两三百万时，就会来问宁波大学需要支持什么项目，捐赠了一个项目以后，他再继续赚钱，继续捐赠。他已经捐赠了 11 个项目，我们现在已经有些不好意思再开口了。如果他是一个像李达三先生那样的大企业家，捐一个亿可能只是个小数目。但对于魏先生来说，捐赠这十几个项目几乎耗尽了他一生的积蓄。有一次，《人民日报》和新华社还专门为魏先生作了一系列报道。由于包先生的支持，魏先生决定通过捐助宁波大学办学来回报包先生。在他看来，宁波大学和包先生是紧密相连的。他自己的沙发都已经破旧不堪，里面的填充物都露出来了，还在继续使用，但他却把赚来的钱捐赠给宁波大学。

我们可以用几句话来概括一下“宁波帮”精神与宁波大学的关系。第一句话是“因其而生”。宁波大学的建立源于“宁波帮”的支持，主要得益于包玉刚先生的慷慨捐资。改革开放之初，我国正处于积贫积弱的状态。在粉碎“四人帮”的1976年，整个国民经济几乎达到了崩溃的边缘，国家财政岌岌可危。在这样的背景下，改革开放政策开始实施，而宁波这座重要城市却缺乏一所大学。因此，包括邓小平同志和当时的谷牧副总理在内的领导人都提出了如何发挥“宁波帮”的积极性这一议题。在与包玉刚先生交流时，我们说内地很需要资金，他能否为内地捐赠一些项目。包玉刚先生也很爽快，说没问题，宁波作为一座重要的城市，没有大学是个遗憾。于是，他慷慨地捐赠了两千万美元。按照当时的汇率1∶2.5计算，这两千万美元相当于五千万元人民币。五千万元人民币在现在不算一个太大的数字，在当时是什么概念？当时，宁波所有教育财政，包括中专学校、高中、小学、初中以及教师的工资开支，一年的预算是六千万元人民币。这也意味着政府几乎无法再额外拨出资金来创办大学。然而，包玉刚先生的捐赠让宁波大学的建立成为可能。紧接着他说：“我出钱，小平同志你要给宁波大学题写校名。”虽然邓小平同志很少题词，但他还是欣然应允，为宁波大学题写了校名。此外，国务院代总理万里同志亲自来参加宁波大学的开工典礼。这么高的规格来举办一个开工典礼，在全国也是极为罕见的。

第二句话是“因其而长”。宁波大学的发展得益于“宁波帮”。1986年，宁波大学由世界船王包玉刚先生捐资创立并招收了第一届学生。学校的性质为公立，由省市政府投资，但其中一部分运营费用和教师奖金由包先生提供。

然而，令人意外的是，在1991年，包先生突然离世。包先生的去世使宁波大学的运作面临了极大的困难。因为宁波大学是由包家捐赠的，而这个名誉已经随着包先生的离世而消失。人们可能认为，既然包先生已经离开，为何还要支持宁波大学呢？在这个背景下，包玉刚先生的小学同学赵安中先生主动站出来，积极动员“宁波帮”共同支持宁波大学的发展。然而，动员“宁波帮”非常困难，效果并不理想。于是，赵安中先生出售了自己的别墅，带头捐资给宁波大学，然后一步一步地动员“宁波帮”的成员来支持宁大的建设事业。实际上，赵安中先生并不是一个非常富有的企业家。他将宁大视为他的第四个

"儿子",他给其他三个儿子留下的财产还没有捐献给宁波大学的资金多。他自己过着节俭的生活,连使用的空调都是老旧的,住宾馆时甚至会带回一次性拖鞋。赵安中先生的儿子赵亨文也延续了这种简朴的生活方式。由于赵安中先生的引领,现在已经有六七十位"宁波帮"的成员捐助了宁波大学。他的带头作用对于宁波大学的发展起到了非常重要的作用。截至目前,累计的捐赠金额已经达到了七亿元人民币。当然,这个累计金额并不容易精确计算,因为还需要考虑贴现率的问题。我们只是按照当年的静态价格来简单相加。比如说,包玉刚先生的捐赠约为五千万元人民币,而李达三先生后来的捐赠约为一亿元。因此,这样的简单相加并不能准确反映实际情况,如果考虑到通货膨胀等因素,实际价值可能会更高。这七亿元人民币实际上是宁波大学通过各方的努力和支持而取得的。我们可以说,宁波大学实际上是在百家饭中成长起来的。我作为校长,有时候感觉自己像是乞讨者,不得不四处讨要资金。去年,我甚至去了五次香港,希望能够得到更多的支持。张委员曾经是我们的办公室主任,也频繁去香港。我们通常会带海瓜子等一些本地特产以表达我们的谢意。

我任职四年半下来,其中最大的单笔捐赠是李达三先生的一个亿资金。那时协议签好下楼的时候,我们几个人抱成一团,确实很开心。这么大金额的单笔捐赠对于地方大学来说是很少见的。李达三是宁波人,他曾向复旦大学和浙江大学各捐赠了一个亿,还向香港的多所大学捐赠了一至两个亿。当时,我们很希望也能得到这样的捐赠,于是模仿浙大的经验模式,制作了一个时长约十分钟的精美短片,全面展示了李达三一生的辉煌成就和他所有的捐赠项目。他说他博士毕业的时候很帅的,指给我们看。我们知道这是找到了他的兴奋点。等他看完的时候,眼角眼泪就滚落了出来。我意识到是时候了。以往一般都是我过去讨钱,于是我提到,学校明年即将迎来 30 周年校庆,能否请李先生给宁大送一个礼包。他欣然答应,提出送一千万的礼包。我们几个人都挨在那里,他知道我们的意思是嫌少了。我们的期望其实是一个亿。他的好友,也是我们的顾问卢良宝先生马上接过话茬:"不是嫌少,是这样,这个一千万，就作为30周年的校庆的礼包。另外，像复旦、浙大这样的大礼包，再给宁波大学送一个。”于是他问卢总，希望他捐赠多少。卢总作为当事人不知道该怎么表态。副校长便说，浙大有钱，我们没钱，浙大一个亿，宁大也一个亿。李先生说，那他要看看，有没有钱。他刚准备掏口袋看看记录日程安排的小本子，口袋还没有掏出来，胸脯一拍，一个亿就捐给我们了。接着，他问这笔钱是港币还是人民币。当时港币对人民币的汇率较低，一个亿港币只相当于八千万人民币。我们表示，他在内地主要赚人民币，所以我们也希望得到的是人民币。他也很清楚这有两千万的差额。我们随即提出能否当天就签订捐赠协议，初稿已经草拟好了，他可以随便改。协议文本里，他只是在“李达三”的名字后面加上了他的夫人叶耀珍和孙子李本俊的名字，立马就签署了协议。浙江大学用了45分钟，而我们也仅花了一个小时，就成功把一个亿的协议签下来了。

还有黄庆苗先生，他捐赠了3200万元，近期在梅山校区又连续资助了五六个项目。四年间我校累计获得的捐赠平均每年近一亿元。这些捐赠不仅仅局限于资金本身，更富有精神意义和精神价值。资金上，我们还能得到省、市政府的配比支持，产生倍增效应。宁波大学的每栋大楼都以“宁波帮”人物的名字命名，这种文化具有独特的意义。每个名字都是一种文化、一个故事的象征，对学生和老师有着强烈的励志和感恩文化教育意义。这两种教育在其他校园中很难找到。虽然宁大在经济上并不算富裕，但在精神上却是非常富有的。例如，庞升东校友受“宁波帮”影响，成功后回馈母校，捐赠三千万，并追加一千万用于奖励教师。然后，他表示再组建一个亿的白鹭林校友基金，用于教育基金。这个资金实际上是捐给学校的，现在我们校友已经有二十几个捐赠超过100万元的项目。作为一所拥有30多年历史的大学，我们的校友捐赠成果十分显著，浙江省内很多有着100多年历史的大学，即使在100年或120年校庆的时候，获得突破一千万的捐赠也是很难的。这与“宁波帮”的深远影响密不可分。在过去的两年里，我积极关注并推动同学们的国际化进程。为了支持同学们出国交换学习，我引入多个项目，如王宽诚和刘浩清项目等。这扩大了我们的视野，因为靠自己的钱出国往往会有所保留。当视野开阔后，你会感到豁然开朗。原先只有一两百名同学有机会出国，今年已增至600人。我期望未来能达到十倍的增长，即每年有6000名同学出国学习，这意味着大部分同学只要想出国，就能够实现。这样宁波大学才能真正成为一所国际化的大学。我们的留学生指标是非常好的。目前我们有2700名留学生，其中1070名学历留学生，在省属高校中排名第一。然而，我更看重的是如何为本国学生提供更多出国机会，这些机会往往还有赖于校友的慷慨捐赠。

第三句话是“因其而强”。宁波大学的未来同样离不开“宁波帮”的支持。在30周年校庆之际，我们成功地从赵安中先生等早期捐赠者开始，转变了捐赠模式。在30周年校庆之时，我们见证了“宁波帮”与校友捐赠并举的新纪元。接下来，我们的目标是形成“宁波帮”捐赠、校友捐赠以及其他社会力量捐赠并驾齐驱的新局面。因此，我们需进一步发挥地方合作发展联络处的作用，通过资源整合与保障，推动学校“双一流”建设不断向前发展。

第二部分是“双一流”计划与宁波大学。“双一流”计划是顺应国内高等教育发展需求的重要举措。回顾国际社会的经济发展的历程和教育发展的历程，当一个地方成为经济中心的时候，它往往也就成为教育中心。当经济中心在英国的时候，教育中心就在英国牛津大学、剑桥大学；当经济中心在德国的时候，教育中心就在德国；当经济中心在美国的时候，教育中心就在美国。现在全世界最好的一百所大学，大概七十所在美国，最好的十所大学，大概六七所在美国。但是我们要看到一个趋势，现在中国经济总量排名世界第二，总有一天可以超过美国，逐渐形成经济上的双中心，美国和中国双中心。随着经济中心的转移，教育中心必然会发生转移，这是不以人的意志为转移的，虽然有的人不同意这个观点，但是我深信不疑，因为教育的发展离不开经济基础。教育发展要服务于经济，这两者之间实际上是相辅相成的。正因为这样，所以国家要重视“双一流”建设中普通高等教育的发展。

另外，中国经济社会发展至今，原先那种高投入、高消耗、高排放、高产出的高增长发展方式，尽管能带来高收入，但却是不可持续的。中国经济正在转型，从粗放式的发展转向集约式的发展，从低质量的发展转向高质量的发展，从低附加值的发展转向高附加值的发展。比如说20世纪90年代末期，我曾在浙江桐庐调研。桐庐有一些生产沙滩衫的外向型服装企业，其原料和销售市场都在外地，产品主要销往国外。这件沙滩衫在美国的最终售价高达30多美元，但我们的服装企业在制作这件沙滩衫上仅能获得八分钱人民币的利润。桐庐的圆珠笔产能巨大，足以为全世界每人每年分发一支，但即使生产了70亿支甚至80亿支，我们每支圆珠笔的利润也只有一分钱或半分钱，而国外销售的价格则是数美元。这显然是典型的粗放型发展模式。那么，如何实现从粗放型向集约型的转变呢？关键在于技术创新。通过技术创新，我们可以降低消耗，提高产品售价，增加附加值，进而提高利润率。这是唯一的途径。而且，现实已经证明，技术创新不仅要强调创新本身，更要强调自主创新。核心技术必须依靠自主创新，而自主创新的关键在于人才。

所以，没有高水平大学就不可能保障高层次的人才，没有高端的人才就不可能有创新，更不可能有自主创新。没有自主创新就没有核心竞争力，就不可能节约发展、高质量发展。这个逻辑链条应该说是非常清晰的。按照总书记的指导，我们对高等教育的需要比以往任何时候都更加迫切，对科学知识和卓越人才的渴求比以往任何时候都更加强烈。他讲到，关键核心技术是要不来、买不来、讨不来的。广大科技工作者要敢于走前人没有走过的路，努力实现关键核心技术自主可控，把自主创新的主动权、发展的主动权牢牢掌握在自己手中。今年的华为芯片事件用活生生的例子教育了我们，像中国这样的一个世界经济体量第二的大国，再不强调自主创新是万万不可的。

在过去，改革开放当中非常重要的一条是通过开放引进技术。80年代，我们发现传统的通过磨磨制作豆腐的生产力实在太低了，我们光是从日本就引进了300多条生产豆腐的生产线。但是现在，一个国家的发展必须有核心技术，而任何一个国家都不可能把它的核心技术卖给你。当他要出售自己的技术的时候，必然是把自己淘汰了的技术卖给你，自己用核心技术。不仅如此，即使你想自己发展核心技术，他也会想方设法阻挠你。在这次华为事件里，原先资本主义国家还是要面子的，还会画一张皮，现在特朗普已经把画皮全部揭掉。这样也好，能够更好地教育我们，原来他们所标榜的人权、民主、自由，跟我们没关系。也许他对本国还讲究那么一点点，但对他国从来没有自由、平等、博爱、民主可言。美国怎么对待伊拉克的，怎么对待一些“颜色革命”的国家的？从来就没有考虑过人家的深切感受。包括奥巴马也是这样，他在澳大利亚访问，跟澳大利亚的总理两个人坐南朝北，指着中国的版图说，一个近14亿人口的中国，如果也要过上我们这样的日子的话，那这个地球怎么受得了？之前，奥巴马竞选总统的时候，我正好在美国做访问学者，感觉这个人演讲水平真高，印象还不错。但从那以后，我开始对他没有好印象，凭什么你可以过那样的好日子，我们中国人就不可以过好日子？这些都是鲜活的例子，都深深地教育了我们，所以我们国家一定要自己把教育发展起来。

另外，还有国家实施高教强国的战略的需要。我们的高等教育通过“985工程”“211工程”有了长足的进步，但与世界高水平的大学相比，还有相当大的差距。例如从留学生指标来看，目前，中国学生出国留学与外国学生来华留学在数量上已大致相当，但质量上存在差异。中国学生中既有表现欠佳的，也不乏出类拔萃的；相比之下，来华留学的外国学生中，顶尖人才相对较少。总体而言，生源质量尚未达到高水平。但是这个局面肯定会扭转过来。于是，国家在“985工程”“211工程”以后，提出了“双一流”建设——建设世界一流大学，建设世界一流学科。一流大学首先是通过建成一流学科而实现的。如果一个大学有六七个达到世界一流水平的学科，这个大学就必然是一个世界一流水平的大学。“双一流”建设与原来相比较主要有以下几个特征。第一，“985”“211”着重强调综合实力，“双一流”更加注重对学科的评定。第二，原来是封闭式的，现在是开放式的。以前的好大学贴上标签以后就稳坐钓鱼台，现在“双一流”是滚动的，五年一个周期，通过中期检查以后，好的“滚”进去，差的“滚”出来，所以现在对宁波大学来说，是处于最为关键的一个时期。这是“双一流”建设的整体背景，无论是国际发展趋势，还是国家发展阶段性的判断、向高质量发展转型的需要，以及高等教育自身发展的需要，都需要有一个

“双一流”的规划。“双一流”是新时代国家的重大战略，是我们教育系统的战略，这是党中央、国务院决策的事，是支撑服务国家重大战略、重大工程、重大计划的基础性建设，是中国特色一流大学发展道路的新探索，是实现高等教育内涵式发展的标志性、引领性工程，是一项长期的系统性推进的工程。“双一流”建设要求强调中国特色，从2015年开始启动，国务院出台总体方案，2017年三部委发文发布了实施办法和入选高校。宁波大学收到教育部入选通知，一方面开始编制规划，一方面让地方政府表态支持。去年，我们全力以赴做好宁波大学的规划，到9月21日正式公布名单，宁波大学顺利进入“双一流”高校的行列。为了保证战略和政策的连贯性，“双一流”建设把原来的“211”高校全部纳入进去了，我们宁波大学按照综合实力，超过了二三十所“211”高校的水平。西部地区的一些高校，按实力虽然进不去的，但是出于区域布局的需要，还是保留了入选资格。另外增加的25所普通本科大学，23所都是单科为主的大学，例如中央美院、中国美院、北京体育大学、上海体育大学、北京音乐学院、上海音乐学院等。只有河南大学和宁波大学两所学校是以综合性大学进入的，说明我们进入“双一流”行列是多么不容易，离不开一大批“宁波帮”人士的支持，所以很多人都为我们感到高兴。前段时间，专家遴选委员会主任韩启德副委员长到宁波大学来访问，他是宁波慈溪人。他非常高兴能看到宁波大学通过遴选标准进入“双一流”行列。还有原中山大学校长黄达人先生，他也是宁波人，他表示看到家乡总算有一所大学能够发展起来，发自内心地感到高兴。我们编制规划的时候，也有很多“宁波帮”人士给我们提供了支持与指导。

宁波大学进入“双一流”行列意义非常重大，可以概括为三点。第一，具有经济意义。因为宁波大学进入“双一流”，财政部能够给予资金支持。以前我们作为地方高校，只有省市公共投入，现在至少有几千万的引导性资金。国家给了必要的配套，省里就会给了。省和国家都给了，宁波市也会更加全力以赴地支持。今年宁波市政府专门出台了一个关于支持宁波大学“双一流”建设的若干意见，这是含金量很高的一个文件。按照教育局的统一口径，五年内，在正常投入以外，市政府追加投入 16.8 亿元，每年增加三个多亿。这对于在跨越发展当中的宁波大学来说至关重要。比如说，我们引进一位院士，需要建好实验室，否则引进也发挥不了作用，这都是数以亿计的投入。捐赠者往往愿意支持好大学，为什么清华大学、浙江大学每年的预算能达到 200 亿，其中很大一部分来源于捐赠，就因为它们是名牌大学。我们正是需要花大钱的时候，市政府给我们保障了这样的投入，社会便也更加愿意进一步捐赠了。

第二，具有社会意义。过去，许多单位限制只招聘"211"高校的毕业生，如今则更青睐"双一流"高校的毕业生。原先宁波大学的毕业生难以进入的单位，如今也能顺利进入，甚至有的毕业生选择去美国深造，这在以前是不可想象的。对于学校的选择，过去只认可"211"高校，现在则更看重"双一流"高校。学分的互认问题也得到了解决，过去不被认可的学分现在都被承认了，这无疑具有重大意义。随着学校社会声誉的提升，招生情况也大为改善。今年本科生招生数量大幅上升，省外招生的学生中，有的分数甚至高出分数线 100 分以上。研究生的招生情况也令人振奋，过去我们主要依赖调剂，但今年报名人数已超过 1 万人，而我们计划只招收 2000 多人，即 4 位报名者中有 1 位会被录取。生源对于学校来说至关重要，有了好生源，我们才能培养出拔尖人才。至于社会效益，包括人才引进方面，我一直努力引进院士，但之前进展缓慢。然而，自去年学校进入"双一流"行列后，我们在半年内就成功引进了三位全职院士：赵玉芬院士、工程院陈剑平院士和加拿大工程院院士朱志伟。此外，我们还打破了一个纪录：宁波作为拥有最多"两院院士"的城市，过去却没有一个宁波籍的院士在本地工作，现在我们成功引进了两位宁波籍的院士，为宁波的发展作出了重要贡献。

第三，具有文化意义。我们 30 周年校庆就很好地凝聚了人心。短短一两年时间，我们便进入了"双一流"行列，这进一步凝聚了广大师生员工、20 万校友以及所有支持宁波大学发展的友好人士。一个学校的发展凝聚力是其软实力的重要体现，至关重要。关于国家的发展规划，目标是到 2020 年使若干所大学的一批学科进入世界一流行列，若干学科进入世界一流学科前列。回想起1998年浙江大学四校合并，距今已有20年。当时四校合并的目的就是成为世界一流大学。曾经许多人质疑中国能否建成一流大学，甚至有人戏谑说，要请教上帝浙江大学何时能成为世界一流。然而，现在事实证明，浙江大学经过20年左右的努力，已经在多个排行榜中进入世界百强高校的行列。清华大学和北京大学也早已跻身其中，目前我国已有六七所大学位列世界前200强，这充分证明了我们的能力。过去的二十几年是中国普通高等教育突飞猛进的时期。到2030年，预计更多的大学和学科将进入世界一流的行列，若干所大学将进入世界一流大学的前列。第三步是到21世纪中叶，一流大学和一流学科的数量和实力将进入世界前列，基本建成高等教育强国。这意味着高等教育将呈现多中心、双中心的格局，不再唯美国马首是瞻。为实现这一目标，有五大任务需要关注：师资队伍建设、人才培养、科学研究、文化传承以及成果转化。在此过程中，党的领导、内部治理、关键环节的突破、社会参与和国际交流等方面都至关重要。宁波大学在这方面也取得了显著成绩。在30周年校庆之际，我们成功组建了董事会，并注册了校友会和基金会，形成了政府投入与社会捐赠共同支持学校办学的机制。董事会由市长担任董事长，校友代表、宁波代表、社会名流等积极参与，继续支持宁波大学的发展。我们宁波大学拥有优越的背景，是由五所著名大学对口援建的高校。虽然我们不能仅强调出身，但这个背景对我们仍然具有重要意义。我们已经构建了一些体制机制，以推动学校的发展。在学科建设方面，学校策划了海洋生物技术与海洋工程学科群的概念，将力学、水产、信息与通信工程三个学科捆绑在一起，形成一个学科群。学校设计了四个学科领域作为突破点，包括海洋生物资源增养殖与高值化利用、海洋力学与近海环境工程、海洋工程结构与装备以及海洋信息通信。宁大的目标是到2020年全面建成国内一流的地方综合性大学，这一目标已经基本实现。在30周年校庆时，我们已经位列地方高校的前10%。我们追赶的标杆是苏州大学。20年前，苏州大学也只是地方性大学中的佼佼者，但现在已经跻身全国高校前二十。考虑到苏州和南京、宁波和杭州之间的可比性，以及宁波良好的经济成长性和创新创业环境，我有信心宁波大学能够取得更好的发展。我们的目标是分两步走：第一步是到 21 世纪中叶建成国内一流的高校，第二步是朝着世界一流的目标努力。我坚信在不久的将来，宁波大学将跻身国内一流、世界一流的行列。

我们召开党代会时提出一个战略。第一是学术立校，第二是人才强校，第三是特色兴校。关于这三个立校方略，我在《光明日报》和《教育报》上都发表过文章，专门阐述了学术立校的含义以及如何实现学术立校等问题。此外，我们还要依法治校。建设的任务主要包括人才培养、科学研究、成果转化、文化传承，以及国际合作。在这些任务中，我特别强调人才培养在学校建设中具有特殊的地位，是一个基础性的工程、根本性的任务。大学的根本使命就是人才培养，这一点对于大学的校领导班子、校长，以及所有的教师来说，都必须牢牢把握，铭记于心。因此，我在担任宁波大学校长后，每年都会给本科生上课，我坚持一年上一门课。白天时间有限，就在晚上上课。尽管今年因为一些原因上课时间减少了一些，但前两年我都做到了上 16 周的课。我基本上亲自讲授了大部分的课，只有在实在没办法的情况下，才由助手代我上几次课。作为一名教授，必须给本科生上课；不愿意为本科生上课的教授，应该将教授的头衔去掉，改称为研究员。同学们也应该对此施加一些压力，因为本科生刚进入大学时特别需要一些教授，尤其是一些知名教授的引导。如果不能将优秀的师资配置到这些课堂中，实际上这些教授是不合格的，学校也是不理想的。

当然，我们学校在实践中还存在一些不足之处。比如，在人才培养方面，我们过于强调就业率。由于宁波就业机会众多，本科毕业生几乎可以立即找到工作，导致我们的升学率过低，即读研究生和博士生的比例太低。因此，前年在教学审核评估中，我们的考研升学率仅为 11%，去年提高到了 17%，今年提高到了 20%。明年我们争取提高到 25%，后年继续提高到 30%。我们要迅速提高这一比例，不要过于注重眼前的利益。当然，如果家庭经济状况困难，可以先工作，然后在职读研究生，将来再来深造。只要能够咬紧牙关渡过难关，年轻时学习的机会太宝贵了，应该抓紧学习。我们阳明学院的创新班就是培养科学家的。尤其是力学、水产和信息通信工程这三个创新班，目标就是将学生培养成博士，甚至培养成院士，乃至培养出诺奖得主，定位非常明确。目前由学工部主办的创业班，主要是为了培养企业家。此外，学校还大量地开展了培养复合型人才的课程。因此，在人才培养方面，学校会给予极大的关注和投入。

关于建设举措，我简要列举几点。首先是学科特区制度的实施，其次是人才的引进和团队建设，最后是重大平台的建设规划。这两年学校在这方面作出了大量努力。例如，我们成功引进了加拿大皇家科学院和工程院两院院士吴柯、中科院院士赵玉芬、加拿大工程院朱志伟等高端人才，并建立了未来无线研究院、新药技术研究院、海洋工程研究院等多个研究机构。同时，文科也相应成立了一大批研究院。通过打造大平台、引进高端人才，我校在人才培养和科学研究方面迅速提升了层次。在人才引进方面，我们不断调整策略。从 2014 年提出的每年引进 100 个高层次人才，到 2015 年净增 100 个，再到如今的每年净增 120 个，我们始终保持着强劲的引进力度。这一举措旨在确保师资队伍的持续发展，为课堂提供更多优质教学资源。在校园建设方面，我们同样取得了显著成就。四年前，宁波大学面临着多个办学指标不达标的问题，如师生比失衡、教学行政用房紧张等。但经过这几年的努力，我们的建筑面积翻倍，植物园校区、梅山校区相继启用，明年慈溪的科技学院也将启用，形成约 2600 亩的完整校区。这不仅缓解了用房紧张的问题，也为师资队伍的引进提供了有力保障。同时，我们注重提高教师的待遇。如今，教师的绩效工资已达到浙江省中上水平，学校的预算也从 12 亿元增加到今年的 24 亿元。这些举措有力地推动了学校的发展。我坚信，大楼和大师必须并举。虽然清华大学的梅贻琦校长曾言“大学者，大师也，非大楼也”，但这一观点有其前提。当我们拥有足够的教学和科研空间时，才能吸引更多的大师前来。因此，对于宁波大学而言，大楼和大师必须同步发展。通过这几年的努力，我们在空间、人才队伍等方面取得了突破性进展。四年间，我们引进了五六百位老师，净增了三四百位，这背后是巨大的工作量和资源的争取。但正是这些努力，推动了我们学校的快速发展。

第三部分是我们要以“宁波帮”精神武装自己，并积极参与到“双一流”建设中来。我们宁波大学的同学是非常可爱、可贵的一群人，尤其在创新创业教育方面。学校始终致力于促进老师们的持续成长，确保在办学指标上稳居前列。在创新创业的综合竞争力方面，我们也始终保持着前20名的佳绩。特别是在“互联网+”和挑战杯等领域，我们更是脱颖而出，名列前茅。这一切的成就，都离不开宁波这片肥沃的创新创业土壤、“宁波帮”的精神以及宁大的校训和办学传统等因素的滋养，这些因素共同铸就了我们独具特色的创新创业教育，使其在全国范围内备受瞩目。

如何成为一名合格的宁大人呢？首先，要做一个胸怀天下的宁大人。年轻时我们无畏、无私、坦荡，敢于冒险。随着年岁增长，尤其成家立业后，顾虑自然增多。但在你们这个阶段，理应无所畏惧，跌倒也应勇敢爬起。我们当怀揣星辰大海的梦想，为人类的福祉、国家的繁荣、中国梦的实现，精心规划自己的人生道路。其次，要做一个善学能思的宁大人。在校期间，必须培养扎实的学风。宁大的学风整体良好，但仍有少数同学期末考试作弊，这是对人格、学业和学术的亵渎。分数虽相差无几，但诚信与否却有本质之别。我们要诚实守信，秉持实事求是的原则，这是我们作为大学生的基本准则。最后，要做一个敢闯会创的宁大人。我们的校训“实事求是、经世致用”鼓励我们勇于实践。尽管有些同学毕业后需立即承担家庭责任，但无束缚时，更应敢于尝试，因为年轻就是资本，通常也更能成功。为此，学校设定了5%的毕业生创业率目标，鼓励大家不仅寻找工作，更要创办企业，为社会创造更多就业机会。这也是国家重视“双创”教育的原因，我们需要更多创业者，因为许多大企业都源于小微企业。

怎样成为一名宁大人？首先，要善于认识自我，明确自己的兴趣、性格、能力边界，以及人生的目标和价值取向。要客观评价自己，既不过高估计，也不妄自菲薄，确保定位准确。若能力有限而目标过高，易产生心理障碍；若能力出众而目标过低，则浪费潜能。其次，要勇于塑造自我，包括价值理念、行为习惯和核心技能等。我们的校友为我们树立了榜样。我们的校友中不乏院士、少将、国家领导人等杰出人才，还有众多上市公司的老总和其他各类高端人才。例如，1990 届工商经济专业的校友施永丰，也是美国明尼苏达大学卡尔森管理学院博士和复旦大学特聘教授，他向学校捐赠了价值 600 美元的原版专业图书；土木工程专业校友郁武铮，虽然他的企业规模不大，但经营得相当成功；而江前明校友更是晋升为将军，被授予少将军衔；以及全国人大常委会副委员长、中华全国妇女联合会主席沈跃跃，中国科学院院士王建宇等。

如何做好一名宁大人？第一，要有国际视野。尽管当前社会逆国际化的趋势强劲，但国际化的潮流依旧不可阻挡。我们必须明确目标，努力使自己成为真正的地球人，具备国际化的素养。这不仅仅关乎我们个人的视野，更关系到我们与世界的联系。我们的市场遍布全球，我们的朋友也来自世界各地。中国要真正崛起，不能仅仅在国内自封"强国"，而必须走向国际舞台，拥有话语权，让世界倾听我们的声音。因此，国际化是一个至关重要的因素。在"双一流"建设的指标中，国际化办学被新增为一项重要指标，这进一步强调了国际化对于大学发展的重要性。国际化是大学成为世界一流大学的必要条件。对我们而言，必须努力使自己成为具备国际化能力的大学毕业生。

第二，要培养思辨的能力。在学习过程中，我们不能仅仅满足于被动地接受老师传授的知识，而应该采取怀疑式、责任式、讨论式、互动式以及批判性的学习方法。这种方法至关重要。有时候，通过和同学们在咖啡吧或茶吧里的交流，可能会因为一个同学的一句话而豁然开朗。牛津和剑桥之所以成功，正是因为它们营造了良好的学术交流氛围。因此，我全力支持在校园内设置更多的交流场所，如咖啡吧，以促进师生间的讨论与交流。此外，在阅读书籍或文章时，我们也应该保持批判性思维，不盲目迷信权威。我读研时，就曾发现一套《西方经济学》教材存在很多错误和缺陷，于是我选择认真阅读并列出问题清单，最终成功促使出版社停止发行该套教材。这种批判性学习方法不仅能帮助我们发现问题，还能提高我们的学术素养。当我们遇到无法用现有理论解释的现象时，不要轻易放弃，因为这正是发现新理论、实现重大突破的机会。因此，学会批判性学习对我们的成长和进步具有重要意义。

第三，团队精神至关重要。尽管不同学科对团队精神的依赖程度有所差异，但总体而言，对于自然科学以及具有自然科学属性的社会科学，如经济学、管理学等领域，团队合作都是不可或缺的。当前，重大的科学发现和技术发明很少能单凭一己之力完成，往往需要庞大的团队协同合作才能取得突破。以中国科学技术大学的潘建伟教授为例，他在量子理论领域取得了重大成就，成为《科学》杂志的封面人物。他的成功背后有一个庞大的团队支持。在国家的支持下，他成功建立了量子实验室，使中国在量子理论研究方面与世界保持同步。同样，在我们学校，也有许多同学通过团队合作取得了显著成绩。我们学校还拥有独特的文化氛围，拥有艺术学院、音乐学院和体育学院等，其中舞蹈教育尤为出色，舞蹈室在全国都享有盛誉。我们还将筹建古陶瓷艺术学院，届时将展示从圆明园流出的珍贵古陶瓷。此外，我们还与著名的收藏家合作，计划在学校内建立一个博物馆，展示精美的古陶瓷艺术品。在体育文化方面，我们学校也表现出色。我们的篮球队（CUBA）能够击败清华和浙大等强队，乒乓球队培养出世界冠军，艺术体操队获得世界金牌，音乐学院合唱团也在全国比赛中摘得金牌。这些成就都展现了团队合作的力量和每个人的比较优势。因此，我们要进一步弘扬团队合作精神，发挥每个人的优势，通过协同作战，争取在较短时间内取得更大的突破。这种文化氛围不仅有助于学术研究的深入，也能为学校的全面发展注入新的活力。

第四，我们要有感恩之心。杰出校友庞升东深受“宁波帮”精神的影响，对母校表达了深厚的回馈之情。他不仅向母校捐款，还向上海的包玉刚国际学校捐赠了 1500 万元。庞升东的捐赠事迹也推动了包氏家族对宁波大学的进一步支持，其中包括捐赠了包玉刚跑道。这种捐赠行为体现了捐赠人之间的良性互动和互相激励。我们强调感恩之心，并非要求每位毕业生都为母校捐款，而是鼓励大家根据各自的能力和比较优势，以不同形式回馈母校。这可以是资金、物资、创意、思想，或者是道义上的支持和鼓励。母校与校友之间，是一个情感共同体、文化共同体和利益共同体。从你们踏入宁波大学校门的那一天起，我们就已经紧密相连，无法分割。在学校时，你们是宁大的骄傲；毕业后，你们依然是宁大的宝贵财富。当母校取得成就时，我们共同欢庆；当母校面临挑战时，我们同舟共济。校友的成就与母校息息相关，我们为校友的成就感到自豪，也为他们面临的挑战而担忧。因此，我们强调在校时要努力学习，为母校的“双一流”建设贡献力量；毕业后，我们要继续创新创业，为母校争光，成为宁大的杰出校友。判断一所大学是否为一流大学，最终的标准在于其培养的毕业生和校友在社会上的贡献。无论是在科学领域取得突破，还是创办国际化的企业，或是成为政治领袖，校友们的成就都是母校“双一流”建设的重要标志。因此，“双一流”建设不仅是学校的责任，更是全体师生员工和校友的共同使命。

我们以感恩的心感谢广大“宁波帮”人士的同时，也要以“宁波帮”精神武装自己，共同推进宁波大学“双一流”建设。

杨 卫

浙江大学交叉力学中心主任，著名力学家，中国科学院院士，美国工程院外籍院士，俄罗斯宇航科学院院士，第三世界科学院院士。

1976 年毕业于西北工业大学材料与热加工系。历任清华大学工程力学系主任、航天航空学院常务副院长、校学术委员会主任，国务院学位委员会办公室主任，教育部学位管理与研究生教育司司长，浙江大学校长，浙江省科学技术协会主席，国家自然科学基金委员会党组书记、主任。曾任第十一届、十二届全国人大代表，党的十九大代表，第十三届全国政协常委、人口资源环境委员会委员。

曾获美国机械工程师学会 Warner T. Koiter 奖、国际工程计算与实验大会 Eric Reissner 奖、何梁何利奖、周培源力学奖等。出版中英文学术著作 10 种，发表学术论文 300 余篇，专著《宏微观断裂力学》于 1996 年获得中国人民解放军优秀图书奖。

力之大道

杨　卫

◎ 2019 年 3 月 31 日，第 202 讲

非常高兴能有这样一个机会和我们宁波大学的学生和老师一块儿交流。我将"做人做事做学问"所遵循的大道，分成三部分：第一部分是"做人"；第二部分是"做事"；第三部分是"做学问"。"做人"，包括我的经历、家庭和事业。"做事"，包括如何育人、如何强校，另外，还有作为国家自然科学基金委员会的主任如何让我们国家的基础研究做得更好。"做学问"，包括力学、航天、航空等领域。

首先，从"做人"开始。我和弟弟生长在一个知识分子家庭，童年应该说是十分幸福的。4 岁到 5 岁这段时间，我们的幼儿园就在清华园内，在那里我们度过了一段幸福快乐的年幼时光。我的小学一共只念了五年，中间跳了一年级。在 1965 年，我只有 11 岁的时候，就上了清华附中。清华附中是一个很有意思的学校，它正式被称为"清华附中"是从 1960 年开始，那时学校也开始第一次招收高中生，原来只有初中生。1963 年，清华附中毕业的第一届高中生的评估水平，已经相当于北京市的最高水平。因此，清华附中虽然建校的时间很短，但是很快就压过了当时北京别的学校，比如北京四中。到了 1965 年，也就是我进清华附中那年 —— 那时清华附中是我志愿的首选，接着才是北大附中、人大附中，当然现在的情况已经有所不同了 —— 我那个班 50 人中有 30 人在小升初的升学考试中获得满分。

为什么这个学校在建校初期就能产生压倒性优势，主要是因为校长的领导。但是，“文革”时，第一个被批斗的就是校长，校长被批斗完之后，这个学校就再也没有恢复到以前的这种状态。第二个原因是在清华附中学习成绩优异的学生可以直接进入清华大学。当时每个年级六个班，其中有两个班叫预科班，高三时就直接进入清华大学，与大一的学生一起学习，并且他们的学习能力甚至比清华大学的大一新生更强。但是，幸福的时光是短暂的，我在清华附中其实只念了八个月。1966 年就开始“文化大革命”，而且“文化大革命”中的第一支红卫兵，就在清华附中，那时清华附中也改名为“红卫兵战校”。1969 年 1 月，不到 15 岁的我就插队去了农村，当时去的是陕北，也是陕北宁静的黄土地给年少的我无垠的想象。当地一个农民的子弟与我熟识，他们一家四个兄弟后来全都成为文学或文艺方面的专家，他们的父亲就是当年习近平总书记插队的那个公社革委会主任。我的那个县叫延川县，我们一共 10 名知青在延川县冯家坪乡聂家坪村第一生产队工作。那时，尽管大家脸晒得黢黑，穿着破鞋，但是不得不说那是一段快乐的时光。后来，我们这些人也都有了很好的发展。其中一个很重要的原因是，我们在插队的第三年就开始了自学。所谓自学，就是在第三年勉强能对付下来农活以后，我们开始学习，有的学习绘画，有的学习音乐，还有的自学数理化。我整个中学后五年的知识都是在插队的三年中学习的，也可以说是自学成才了。因此，到了 1973 年，我作为工农兵学员，被推荐上了西北工业大学。当年上大学的时候，我们从陕北到西安，途中先去了华山。当初上华山时还没有缆道，我们就凭着一腔热血爬上山顶看日出，激动万分。这就是对我生平的简单介绍。

第二个方面讲一讲我的家庭。我虽然生长在北方，却与浙江大学有着不解之缘。家父杨光华在 1941 年到 1945 年曾是浙江大学的本科生，随母校在抗日战争期间辗转于贵州等地，抗战后任浙江大学化学系助教，并于 1948 年初在浙江大学方子谦先生的支持下赴美留学。儿子杨越在 2000 年到 2004 年是浙江大学机械能源学院的本科生。江南文明的熏陶、杭州山水的沐浴、浙江大学严谨学风的历练，使他从一个懵懂的独生子女成长成一位儒雅的青年。

而今天，我又到浙江大学工作。

我父亲1941年到1945年在浙大化工系就读，后来在浙江大学做过一段助教。1947年，方子谦老师个人资助他到美国去留学，他在美国威斯康星大学获得博士学位。1952年回国以后，他先后在清华、北大工作。后来院系调整的时候，创建了北京石油学院，他便到北京石油学院工作。"文革"以后，他担任当时石油大学的校长十几年，石油大学现在已经改名为中国石油大学。现在中国石油大学的青岛校区还专门给我父亲雕了像，并且校园内的光华路就是为纪念我父亲而命名的。去年十月份，中国科学院国家天文台经国际天文联合会的批准，将一颗小行星命名为"杨光华星"，那时我父亲已经去世十几年了。可以说，石油大学的师生对我父亲还是很怀念的。

我的儿子叫杨越，2000年到2004年就读于浙大，是浙大热能系的学生。他在2010年获得美国加州理工的博士学位，并且他所学习的那个系就是当年钱学森先生任教的那个系。2014年，他获得了"求是杰出青年学者奖"，当时他已经任教于北京大学。我现在是研究物理力学的，我儿子是研究流体力学的，我父亲曾经相当于是研究热力学的，因此，可以说我们一家都是研究力之大道的。

再讲到事业，我于2006年到2013年担任浙江大学的校长。这期间，江泽民同志还来浙江大学看我们的军工国防研究的情况。温家宝总理也曾突然到访。我们接到温家宝总理要来的电话时，距离他的来访只有一个小时，我们紧赶慢赶，终于在校门口迎到了温总理。然后温总理说他要去看看学生，我们就去了图书馆。去往图书馆的时候，路过一个桥，就是当年浙江大学建校110周年的时候，余姚人民捐赠的"阳明桥"，这是因为王阳明先生是余姚人。温总理到了图书馆以后，亲切地慰问每一个学生，关心他们的学习情况。后来，学生们得到消息以后蜂拥而至，一下围过来几千名学生，让温总理给我们讲讲话。温总理那时就讲了一番话，让我印象深刻，他说，他父亲年轻时是地理方面的教师，他小的时候经常翻他父亲的书，曾翻到他父亲收藏的一套《竺可桢日记》，书中提到当时浙江大学西迁的时候，路过广西的宜山，竺可桢校长就在那里举行了开学典礼，并发表了一段关于王阳明先生的感言。王阳明先生可谓文武兼资，平定过多次叛乱。曾经有过一次，就在广西宜山，发生了两个州反叛朝廷的暴动，朝廷派王阳明先生去平叛。当时，王阳明先生已经56岁了，早已不参与朝廷政事，只是经常跟他的学生论道、讲学。当时，弟子们都劝阻他，但是他还是怀着爱国之心毅然前往。最后，王阳明先生历尽困苦，到了广西，据说是不损一兵一卒，就把叛乱平定了。但是，王阳明先生却在平叛以后回家的路上去世了。接着，温总理就继续转述竺可桢校长的话说，王阳明先生当时即使身体不好，但是为了平叛毅然决然前往，尽管回来的时候就去世了，但是他始终认为自己做的事值得。竺可桢校长说，在抗战期间，在我们中华民族有灭亡危险的时刻，浙江大学所教育出来的人不应该只是单纯的工程师、医生这样的人，还是要培养公忠坚毅、能转变国运的人才。当时，同学们听了后也深受震撼。这就是我想说的第一部分，就是“做人”。

第二部分是“做事”。这要从三个方面来说，一个是育人，一个是强校，第三是筑牢基础。那么，首先从育人讲起。我们经常讲学术传承与创新同等重要，我自己的学术就是一代一代传承下来的，一代一代往上数七代的导师是普朗特先生。他是力学上非常有名的一个人物。普朗特成为教授以后，又培养了两位十分出色的学生。其中一位叫铁木辛柯，研究固体力学、材料力学；另一个是冯·卡门，冯·卡门也是钱学森的导师。我有一个师兄，现在在美国加州理工学院，他在2018年就获得铁木辛柯奖，这是我们力学界承认的水平最高的一个奖。他在获奖时，做了题为“Academic Family”（学术家族）的演讲，说要把这个奖献给他的学生们。他现在在加州理工学院当年冯·卡门的那个实验室，也是钱学森先生所在的那个实验室工作，这个实验室大概是整个加州理工学院工学院的头部。因此，很多国内的学校都到他那儿去取经。正如中国著名的“钱学森之问”，钱学森曾提到他工作过的加州理工的培养环境最好，因此国内的学者经常跑到加州理工进行调研，期望能够回答“钱学森之问”。调研时，他们发现教学楼的楼梯上贴了很多学校里的著名事件，主要是讲我们这个地方哪年干成了什么事、能干成什么事儿，其中大部分展示的都是学校里学生的成果。因此，任何一个进校的新生，都能看到自己的师兄师姐的成绩，还有自己同学的事迹，从而认为自己也能做到。而我们大部分的学校里面主要展示的都是名人前辈的事迹，比如院系里都讲老先生创办了学院，然后做出什么成就。因此，他们这样的培育模式能够激励每一个学生努力奋斗，从而获得优异的成绩。例如，我儿子在加州理工念了几年书，回来的时候你能发现他对学校的事情都很清楚，他认为前辈在那个年纪能干成的事，等他到那个年纪也能干成。就是通过这样的方式，每一个学生都能拥有远大的志向，从而大展宏图。

我再介绍一下我在清华的团队，团队的创建者叫张维。张维在“文革”以前是清华的副校长，他还有一个夫人，叫陆士嘉，原来也是清华的教授，后来任北京航空学院筹备委员会委员。陆士嘉是普朗特教授的关门弟子，而且是唯一一位女弟子，那冯·卡门和铁木辛柯就是陆士嘉的师兄，而钱学森就是她的师侄了，也就是说她是钱学森的师姑。黄克智先生是我的导师，他是张维的学生。我还有一位副导师，叫余寿文，他曾任清华大学副校长，现在也是世界工程师联合会副会长。

我培养的博士一共获得了 13 篇全国优秀博士论文，这个数目据说在国内目前是最高的，因此我也获得了全国教学的特等奖。除此之外，我还获过多个名誉博士学位，比如我的母校布朗大学，德国的图宾根大学、希腊的亚里士多德大学、美国的西北大学等，他们都先后授予我名誉工学博士学位。另外，英国的布里斯托大学还授予我名誉法学博士学位。“桃李满天下”是学者的最高境界，但我所指导的研究生并不是很多，一共有 41 位获得学位，包括硕士和博士。其中，硕士 13 位，硕博连读的 20 位，博士 9 位，目前在读的博士生还有 4 位。这 41 个人中，有 24 人在国内工作，其中在大学任教的就有 18 人，4 人在企业任职，其中 3 位在航天部门，还有 1 位是在中船重工设计潜水艇的。里面有一个女孩，是我们国家最高分辨率的侦察卫星的总工程师之一。金融界有 2 位，一位是一家私募基金的创始人，可以说他是我所有的学生里面最富有的，还有一位是现在蚂蚁金服的首席信息官。在国外工作的有 18 人，其中在大学任教的 7 人，已经有 5 位担任了正教授。总的来讲，就是说我的 41 个学生里头，还在学界的有 28 人，其中包括 14 名正教授。总之，可以说学习力学的学生遍布各行各业。因此，我们要培养这种最优秀的学生，或者是让他们变成最优秀的学生。

第二个，就是强校，我们浙江大学的历任校长，都为浙江大学这几年的进步作出了重大贡献。从我刚到浙江大学至今的十几年时间里，学校的世界排名极速高升，现在 QS 世界大学排名是 68 位，泰晤士高等教育世界大学排名是 101 位。从总的趋势来看，亚洲最主要的一些学校中，中国学校的学术影响力是不断上升的，而日本学校的影响力是不断下降的，港澳台的这些学校实际上变化不大。所以可以说，相较于以前，我们内地的学校实际上现在的水平已经开始跟香港不相上下。但是，二者相比，各有优缺。香港的学校生均拨款高，比如它们一般生均拨款都是二十几万，我们每一个学生的生均拨款只有一两万。因此，他们的生均拨款中 80% 可以转化为教授的工资，教授的工资很高。但是，我们内地的高校科研经费比较多，比如，香港前八所学校，每年香港政府支持的科研经费大概也就 10 个亿，我们浙江大学去年科研经费就有 45 亿，清华大学 58 亿。另外，港澳的企业对学界支撑能力不强，因为它们制造业基本衰败了。但是，由于工资较高，它们招收教师的平均水平稍高于内地，不过后面的发展动能不足。

举几个例子，浙江大学陈云敏团队现在正在建造全世界最大的超重力离心机。这个超重力离心机能够产生的最高离心加速度是 2200 倍地球重力加速度。在这样的情况下，一些物理的现象，只要是和重力、重力加速度有关的都会发生改变。按照它的尺度率来讲，尺寸就可以缩小一两千倍，时间可以加快一两千倍，能量可以加大一两千倍的平方。这台设备是由国家发改委立项，现在正在余杭建设，国家投资 20 多个亿，杭州市还专门花了 150 亿元支持这一项目。再讲到大家都知道的很厉害的“歼 –20”，“歼 –20”的数字装配是由浙江大学的柯映林团队支撑做的。不光是“歼 –20”，还包括“飞豹”等，共 6 个机种，都运用了浙江大学的数字装配技术。中国空军能够实现逆袭，特别是制造能力的逆袭，浙江大学的这一团队起了很大的作用。因此，国家这些年能为这一项目投入十几个亿资金。再比如，浙江大学的杨华勇院士的团队，在国家自然科学基金的支持下，开展了对于盾构的研究。在973项目支持之下，他们联合了五家研发盾构的企业，形成新的核心技术，目前土压平衡的盾构已经占国内市场的85%以上，而中国占全球一半以上的市场，并且目前他们正在挑战全球最大的18米直径。盾构应用范围很广，比如地铁、山洞，甚至跨海的穿洞，都可以使用盾构。此外，除水平挖掘外，他们现在开始研究垂直挖掘技术，这可以应用于战略导弹的垂直发射。

刚才提到了育人、强校，我们最后再讲到筑基。我在国家自然科学基金会工作过五年，它于1986年创建，当时的科研经费是八千万元。今年是2019年，如今我们的经费是310亿元。从八千万到310亿，如果再加上支持“青年千人”项目的15亿就是325亿。也就是说，经过34年的光景，我们的科研经费增加到了原来的400倍。因此，在基金会的支持下，中国基础学科的学科发展全面加速，这是特别出人意料的。我们国家国际科技论文的影响力，2008年的时候排世界第十位，2013年的时候提升到第五位，2017年跃升到第二。而且，在工程、材料、化学这三个学科，我们的学术产出已经是世界第一。其中材料学术影响力全世界第一，工程和化学现在大概是美国的95%，预计再过一两年就可以超过美国的总的学术影响力。但是，学术产出量大，东西质量一定就高吗？我国高水平工作占世界的比例是多少呢？1997年时，占0.2%，而现在是20%，短短20年间增长了100倍。

在国家的鼎力支持下，我们也取得了丰硕的成果，包括获得国家自然科学奖一等奖。我担任国家自然科学的评委会主任的那段时间，中科大潘建伟教授团队的工作就在2015年获得国家自然科学的一等奖，这之后又激发了6颗量子通信卫星的工作。“美国科学促进会（AAAS）”是著名的科学刊物*Science*的主办者、出版者，这一杂志相当于中国的《中国科学》。AAAS的最古老的一个奖“克利夫兰奖”，是根据美国的克利夫兰总统命名的。去年，实际上是今年年初，“克利夫兰奖”颁给了潘建伟团队。王贻芳是科学院的高能物理研究所所长，他也在2016年获得国家自然科学奖一等奖，因为他发现了第三种中微子振荡模式，并且进行了比较精确的测量。该实验达到了前所未有的精度，测得第三种中微子振荡模式的振荡幅度为 9.2%，误差为 1.7%，无振荡的可能性只有千万分之一。这是一个什么概念？就是说世界上最基本的标准物理常数有二十四个，其中大概有十七八个已经测量，这十七八个中只有一个是中国测量出来的。当然，这也不完全是中国人独立测量的，而是中国人和美国人合作得到的，但是中国人在其中起到了比较大的作用。2018 年的国家自然科学奖一等奖颁发给了发现"量子反常霍尔效应"的薛其坤教授团队，他们同时还获得了中国企业家设立的未来科学大奖，有 100 万美元奖金。

同时，进行基础研究，还应该注意维护学术诚信。我在浙江大学当校长的时候，浙江大学曾出现过一些比较严重的学术失范现象，我们对此严加整治。为此，有记者专门还写了一篇文章，题目叫作"零容忍"，副标题就是"一所大学破解了中国的学术失范"。当然，说浙江大学破解了中国的学术失范可能太过夸张，但是无论怎么样，我们还是在其中起到了一定的作用。有一个网站叫"Retraction Watch"，可以统计不同国家的学术文章撤稿率。数据表明，德国在 20 世纪 90 年代的初期，撤稿率很高，达到峰值。因为那时候东西德刚合并，东德与西德被以同一标准要求，因此东德那时候的撤稿率很高。到了 20 世纪末，日本撤稿率很高。那么，中国的撤稿高峰在什么时候？是 2010 年。2010 年全世界一共撤稿 5000 篇，中国就占了 4100 篇，占总数的 82%。那么，随着最近这一段时间推动学术诚信，进行学术道德教育，我们估计每个学校都对投稿的质量严加要求。因此，中国论文的撤稿率由原来世界平均值的 6 倍降低到了 1.5 倍。中国目前是这样一个情况，中国发表的论文占世界的 20%，中国撤稿数占世界的 30%，也就是说我们从 82% 降到 30% 了。

最后，给大家讲做学问。以力学为例，力学学会历任的理事长都是潜心做学问的学者。第一任理事长是钱学森先生，第二个是钱令希先生，他也是浙江人，钱令希先生是大连理工大学校长。郑哲敏先生曾在加州理工学院给钱学森先生当过助教，后来获得了国家最高科技奖。王仁先生生前是北京大学力学系教授，也是固体力学与地球动力学家。庄逢甘院士和崔尔杰院士是空气动力学专家。胡海岩先生刚卸任北京理工大学的校长。现在，我们在浙江大学建立了一个交叉力学中心。

那么我们现在怎么看待力学的发展呢？在信息的层面上，我们现在生活在一个三元的世界，包含了三个空间，一个是物理空间，一个是赛博空间或者叫信息空间，一个叫生命空间。在物理空间中，我们有物理力，其中包括万有引力、弱作用力、电磁力、强作用力这四种力。那么物理的规律可以用牛顿力学，或者是四大力学、统计力学、相对论力学、量子力学、电动力学，以及更宏观的应用力学来阐释。刚才所讲的应用力学的学派，就是普朗特教授创立的。我正在编纂一本教科书，叫《力学引论》，一共三篇，分别为“力学 1.0”“力学 2.0”“力学 3.0”。关于生命空间，我们每个人都有一个生命空间，生命力的种类以及区分是目前正在研究的问题。生命也有“1.0”“2.0”“3.0”，美国麻省理工的一个未来学的教授最近专门写了一本书叫《生命 3.0》。“生命 1.0”，就是那种硬件和软件都只能按照达尔文的方式演化的生物。“生命 2.0”，是硬件只能按照达尔文的方式去演化，而软件可以通过自己的努力来学习的生物。这一典型代表就是人，你的身体还是要靠代代的传承，需要遵循达尔文提出的适者生存的这种总的规律，但是你的软件 —— 知识，可以不断地积累，这就叫“生命 2.0”。“生命 3.0”，就是生物的软件和硬件都可以进行变化，但是这个时代还没有到来，我们预计这在 21 世纪末有可能发生。这时就不仅仅是知识可以不断变化，你的身体也可以不断变化，甚至你的身体能够形成界面，例如和人工智能相辅相成。

那么生命空间和物理空间也有交叉的领域。从人的角度来看，我们要去认识自然，也就是说我们人作为生命空间的代表，要认识物理空间，这叫科学。而人要想改造自然，改造物理空间，这叫工程。一方面要认识自然，一方面要改造自然，认识、改造自然可以采用分析、实验、计算等方法。同时，物理空间也可能影响生命。比如，物种进化是适者生存，适应这个物理空间，你才能生存，这是物理对生命的作用。物理空间和赛博空间也就是信息空间也有所交叉。信息有规律，比如信息力学、互联网知识的产生、知识的传播等，都在信息规律的制约下发生。信息空间对物理空间和生命空间的影响，就是我们现在说的数据驱动。它对物理空间的影响，有数字孪生、数值模拟、计算科学、物联网等。信息空间和生命空间的交叉，包括机器学习、人工智能。将这三者都结合在一起，就是通用人工智能，这是我们今后准备推进的方向。

在航空航天方面，20 多年前，我受学校之命组建清华大学的宇航中心。当时，那个中心一共 10 个人，我是中心的负责人。现在这个中心已经不存在了，但是，我们这 10 个人中有 3 位现在是院士，有 3 位今年正在申请院士，还有 1 位是现在的世界工程师联合会的会长。我也曾担任过总装备部卫星专业组成员，同时创建了清华大学的航天航空学院。到了浙江大学以后，我们又成立了浙江大学的航空航天学院，我现在就是这个学院的一名教授。当时，教育部让我们组建新型飞行器联合研究中心，这是时任教育部副部长陈希授牌的，陈希现在是政治局委员、中组部副部长。现在，我是浙江大学航宇学科的负责人。那时我们研究一种复合材料的点阵结构，有点太超前了，但是现在这种复合材料已经开始得到应用。

我想说的大概就是这些。最后，希望我们年轻人，每一个都能成才，你们人生的梦想能够得到最大实现。

董 倩

1995 年毕业于北京大学历史系，同年进入中央电视台《焦点访谈》国际组工作。1997 年至今先后在《东方之子》《新闻调查》《新闻 1+1》《面对面》担任采访记者，参加过近 20 年几乎所有重大新闻事件的报道。

懂　得

董　倩

◎ 2019 年 12 月 12 日，第 208 讲

今天，我演讲的题目叫作"懂得"。其实我原本想讲的主题是"你和你的国家"，但是，我猜同学们都不想再上一节思政课了，于是我换了一个题目，希望讲完之后你们能懂得一些道理。

我想与大家分享两个看似不现实但却很务实的人物，他们像灯塔一样照亮了人类的前行之路。通过他们的故事，我们可以更好地理解什么是真正的责任，以及个人选择与国家发展之间的紧密联系。或许你们之前并未听说过我今天要讲到的这两位科学家——王选和程不时，但接下来我会分别为大家讲述他们的故事。

第一个故事是关于"汉字激光照排系统之父"王选的。我们现在大多使用手机进行阅读，但在以印刷媒体为主的 20 世纪 70 年代初，激光照排技术对于汉字而言，是一道必须跨越的难关。当时，十年浩劫刚刚结束，中国的印刷品从策划到出版往往需要漫长的一年时间，而且主要使用落后的铅字排版和印刷方式，效率低下，污染严重。与此同时，西方国家已普遍采用激光照排技术。因此，一方面为了应对即将到来的计算机革命，另一方面，如果汉字不能实现数字化，那么汉字文化的根基将面临断裂的危机，我们必须实现汉字激光照排。

去年，我采访了王选先生的夫人，了解到他们夫妻二人曾就读于北京大学

计算数学专业，毕业后都留校任教。1975年，因病在家的王选从妻子陈堃銶那里得知国家重点科技攻关项目“748工程”，即汉字信息处理系统工程。这让王选意识到汉字计算机时代的来临，于是他开始着手设计激光照排系统。

王选刚开始涉足汉字数字化这个信息化工程的时候，只是北大的一个病休人员，仅靠领取劳保工资生活。他爱人进入这个工作组，回来跟他说后，他二话不说就参与了。从事应用数学教学与研究的他意识到这是一个全新的领域，并且有机会在其中发挥重要作用。他的妻子曾经担心，王选没有编制，可能不会被认可，成果的归属也是个问题，但这些顾虑并没有阻止王选前进的步伐。他没有正式的编制和身份，只是出于对技术的浓厚兴趣，便毅然决定自己先行动起来，无论将来能否得到应用，至少可以为后来者提供参考。

一个人如果光想着追求名利，可能难以取得真正的成就。1981年7月，原理性样机通过了部级鉴定，这时的王选又面临着人生中的一个重大抉择。按照惯例，高校老师的科研成果通常只用于论文评奖，因此有人建议他到此为止。然而，王选认为一个应用性研究如果不转化为产品，对社会就没有价值，不能拿着国家的钱只是做了一个没有实际应用的研究。他大半辈子都在计划经济环境下工作，但早早地就能以市场化的方式来思考科技成果转化的问题。他最初并没有过多考虑市场，只是单纯地想让更多人受益。王选只是把这个想法贡献出来，就已经算成功了，但他坚持自己的想法必须自己来实现，他说希望能够让出版界更广泛地使用这项技术，从而彻底改造整个行业。

王选说：“我不能拿着国家的钱，就只做了一个实验。”我不知道大家看了这句话有什么想法，陈剑平院士也说过，国家投入了那么多资金到底是为了什么，你作为科学家，作为学校里的教师，研究出来一些成果，就仅仅到此为止了吗？当然不是，在学校完成科研任务只是一个科学家的义务。但是王选知道自己做的是对推进汉字和整个社会发展有益的事情，在实验室里面研究出来的科技成果，不能止步于实验室，一定要将它普及出去。这就意味着王选要走出实验室，成为一个企业家。而这一切并非老师的考核内容，学校重视论文数和考核，但王选并不太关注这些现实问题，他更在乎自己的兴趣。他希望将成果推向社会，这是他的责任。

但是，他走出这一步，要面对的是理解还是非议呢？1984 年 8 月，新华社对他的汉字激光照排系统进行了试用，由于问题重重，频繁出现故障，引起了许多人的质疑。同年 10 月，国际印刷机械展览会在京开幕，美日等国的照排机厂商来华。整个印刷出版界基本不相信国产照排机，主张引进外国产品。于是，国产激光照排系统在国内市场上遭到了冷嘲热讽。

陈堃銶也是一位科学家，她是王选非常重要的伙伴。当这两位科学家将他们的科技成果推向市场时，他们不仅要面对市场的阻力，更重要的是要面对大家对他们的不理解和不信任。社会普遍认为，世界上有美国、英国、日本都在研制激光照排机，而且已经推出了二代机、三代机，王选怎么可能研制出一个四代机呢？就算他研制出来了，也会无人问津。

1987 年 12 月，《经济日报》告别了铅字作业，实现了计算机激光照排。《经济日报》的巨大成功，彻底消除了一些用户对国产系统的担忧，国产激光照排系统开始在全国范围内推广普及。人民日报出版社花费了 430 万美元引进国外照排系统，但由于美国的技术与汉字系统不适配，三年来设备一直未能投入使用。后来，他们找到王选打算购买他的国产设备，但王选不卖，他说他来给修。想当年，王选向人民日报出版社推荐他的技术和产品时，曾被人民日报出版社的人奚落，王选坐着公共汽车，很委屈地回到了北大。然而，三年之后，当人民日报出版社希望购买他的设备时，王选却从国家的角度考虑，不舍得国家外汇白白浪费。他说："没有必要再买一套全新的设备，只需购买最核心的部分，很多设备修一修就可以继续使用了。"假如我是王选，当年受了人家那么大的奚落，如今终于可以一雪前耻，我不仅会全卖，而且恨不得加价卖，因为我有专利，在市场上独此一家。但是王选并没有这么做，他选择的是"修"，这得有多大的胸怀。到 1993 年，国内 99% 的报社和 90% 以上的书刊出版社和印刷厂都采用了国产激光照排系统，而来华研制和销售照排系统的国外厂商全部退出了中国市场。

我采访完王选的夫人之后，再回头去看王选先生的一生，百感交集。如果用我们现在的眼光看王选，他在人生每一个节点的选择似乎都是傻的，都是笨的，都是不现实的。但是如果我们从国家的角度回望王选所做的一切，他的每一步都做得那么务实。所以，“现实”和“务实”之间到底是什么关系？当在座的每一位同学在思考“我学什么专业”“毕业以后到哪个公司”“一个月可以挣多少钱”“多少年之后我也要月薪多少”“我可以买到多大的房子”等这些非常现实的问题时，你能看到多远，这个范围就叫“现实”。那么“务实”是什么呢？有一个非常长远的目标，你把它分解成每一个具体的步骤，眼下所做的事情就叫“务实”。对于整个国家来说，王选是一个“务实”的人，但是对于他自己来说，却是一个并不“现实”的人。

2006年2月13日，王选先生离世，年仅69岁。挽联上，陈堃銶用“半生苦累，一生心安”八个字总结和评价了丈夫的一生。2018年，王选被授予“改革先锋”称号。2018年12月18日，在庆祝改革开放40周年纪念大会上，陈堃銶作为家属代表出席了表彰大会。她说，他们的目标，就是做出有用的事情，这样一生就没有虚度。王选教授的一辈子就是把自己的兴趣、毕生所学和国家、社会的需求紧紧地联系在了一起。他从未主动追求过名和利，但国家并未忽略他的贡献。所以后来，他既是中科院院士，也是中国工程院院士，还是第三世界国家的院士，国家赋予了他一系列非常崇高的荣誉。从这一点上来讲，我们不妨这么理解：其实名利就像宠物一样，当你去追逐它的时候，它会跑走，可能不会听你的；但是假如你专注于所学，专注于你所做的事情，它反而会跑来找你。这是我们今天很功利的说法。但是最重要的是，王选院士用一辈子的时间无私地追求他自己喜欢的东西。我想引用王选教授说过的一句话：“一个人如果一味追求虚名肯定做不成大事，因为追求名利要拉各种关系，是很花时间和精力的，而有急功近利的思想就不可能专心致志、如醉如痴、锲而不舍地攻克科学技术上的难关。”他是这么想的，也是这么做的。还有很多像他一样灯塔式的人物为我们照亮了前进的方向，我也希望在座的各位同学能够向他们学习，从他们身上收获很多启发。

另一个故事的主人公叫程不时。他出生于1930年，生长在国家战火纷飞的年代。他和他的父母一直往西南逃难，在日本人飞机的狂轰滥炸中逃到了重庆。他在逃到昆明的时候，抬头就能看到飞虎队队员开着飞机跟日本人在空中进行搏杀。那个时候他就想，长大后一定要设计飞机。1947年，17岁的他考上了清华大学航空系。但那时，国民党即将退出大陆，新中国还没有建立起来，国家的前途和命运都尚未可知。连系主任都说航空系的工作前途不好，奉劝学生们转系。但程不时仍然坚定不移地秉持着设计飞机的初心，终于在1951年毕业时等来了命运的曙光，因为新中国的航空局成立了。

或许你们会认为，程不时的坚定源于他所经历的非常时期。然而，从程先生身上，我们得到了一个启示：越早明确兴趣和目标，对未来影响越大。一个人的命运或许与其名字相关，程不时老先生的名字被解读为“生不逢时”，但他却认为是“时不我待”，命运注定让他完成某项使命。

他在早期设计了我国空军主力的“歼-6”战机、“歼-7”战机。20世纪中叶起，喷气式飞机逐步从军用转入民用航空领域，波音公司也在持继发展战斗机等军用领域业务的同时，在民用航空领域不断拓展。当时中国也需要发展民用航空，他便开始承担重任，作为专业工作者推进民用航空的发展。

一个时代下的人往往有着相似的精神特质和理想追求。早年他带回螺旋桨飞机后，国外就有人讽刺中国是“一只没有翅膀的鹰”。我国决定自主研制大型喷气式客机，任务艰巨。这种飞机比他过去设计的飞机大了十倍，已经是一个全新的量级。那时候，他们在龙华机场研制“运-10”客机，也就是今天C919的前身。南方蚊虫多，他们穿着短裤和短袖，被蚊子叮了就用报纸包着，免得汗水滴落刺激叮咬处，然后继续画图。

1980年，在长达10年的艰苦奋斗后，程不时这一代人克服了种种难以想象的困难，成功设计出了“运-10”大型喷气客机。这款飞机不仅完成了各项试飞任务，还正在等待量产、走向市场。程不时和他的爱人是同事，他们白天专注于飞机的设计，夜晚继续投入工作，而他的爱人还要照顾孩子。这种生活模式持续了10年，直到“运-10”的研制成功。但命运捉弄人，真正的考验却并非这10年的付出，由于各种原因，1982年起，“运-10”飞机研制基本停止，到了 1986 年，“运 –10” 飞机研制计划彻底终止。

我在采访程不时老先生的时候，心里特别难过。现在的他已年近九旬，而在他 50 岁那年，“运 –10” 飞机研制成功时，正处于人生的黄金时期，一切却戛然而止。直至 2007 年，他在等待中度过了生命中的二十多年。队伍散了，但他从未停下脚步，只是感慨那段时间“时不我待”。我替他感到委屈，我问：“你的前半生一直在设计飞机，突然一下子让你停了，那些年里你在做什么？”他说的一段话让我特别感动：“我不是去想我失去的时候，我在想我不能让这个进程停止下来。我们的国家是五千年农业文明孕育出来的，而航空是工业文明的最高结晶，一个农业民族去理解工业文明的最高结晶需要时间，这个民族、这个国家要等一等，但是我不知道，我等不等得起。”一个人要对国家有多大的责任感和使命感才能说出这番话，他得站得多高，才能用这样的眼光去看待事物。对于程不时来说，那停滞的二十多年，是他生命中至关重要的时光。他等不起，但他毫无怨言，他知道这个国家也许需要等一段时间。于是他选择通过写作进行科普，让更多人了解航空是什么，飞机是什么。

从他 29 岁刚刚设计完“歼 –6”，到 89 岁目送国产大飞机 C919 直上蓝天，间隔 60 年，他老了，头发变白了，皮肤全都松弛了，身姿也不再像年轻时候那么挺拔了。可是他的嘴角依然保持着那份坚定，他的目光和年轻时候一样锐利，一点儿都没变。岁月只是损耗了他的身体，但是丝毫没有损耗他的精神。

今天我在选择讲这个故事的时候犹豫了很久。如果我坐在你们中间，也许我会问，他看起来太失败了，为什么要讲他的故事？我们要向马云、任正非学习，因为他们是社会的中坚力量，引领着时代往前走，他们是成功者。但是我们如何定义成功和失败呢？我们更要向程不时学习，以他为榜样。他对国家的责任，他对所爱事业的坚守，难道不更值得我们学习吗？如果用如今世俗的眼光看待他，他是个很“傻”的人。但是，当 C919 上天的时候，时间给予了他最好的评价。虽然 C919 的机身上没有他的名字，也不会记下他的成功或失败。但是他所做的一切贡献都曲曲折折地在 C919 上反映出来。他早早地就把自己的一切和国家利益绑在了一起。这才是一位真正的学者，一个年轻人应当学习的榜样。许多人说起马云和任正非时感到羡慕，但是我认为谈起程不时的时候，我们是心存敬意的。要成为一个让人尊敬、而不仅仅让人觉得羡慕的人。如果说，我们以前还想着挣更多的钱去改变自己的生活，那么现在，这个需求不像40年前或者20年前那么迫切了。当代年轻人有足够的时间去思考“我到底喜欢什么”“我到底喜欢学什么”“我喜欢的专业未来能不能和国家的需要紧紧地捆绑在一起”。这意味着广阔的空间与无限的未来等待你去探索，你可以倾注无尽的精力在这个领域中，从而体验到人生的无限欢乐。要以程不时、王选为榜样，拉长时间轴，以更宽广的视角审视自己的选择。

今天早上，我在桂林开会时遇到了一位学媒体的年轻人，他向我咨询如何改行的问题。我对此有些意外，跨行业是很奇妙的，为什么他刚刚学习了一个专业就想去改行呢？其实年轻的时候有很多种可能性，但转行前必须深思熟虑，明确自己的兴趣、目标和未来规划。

这是我人生中第一次站在一所大学的讲堂上，跟满屋子的大学生交流这些故事，非常感谢能够有这样难得的机会。宁波大学的校训是“实事求是，经世致用”，这也是我想要表达的观点。20多年的采访经历使我明白，名誉对我来说并不重要，最重要的是能够与每一个在时代转折点上出现的人有一个面对面、心对心交流的机会。这两位老先生的经历告诉我们，成功与失败是相对而言的，我们应怀着温情与敬意去看待历史。我们应当心怀感激与尊重地去了解更多这样的人和故事，了解前辈们所经历的磨难，而非仅仅聚焦于成功的企业家。这样的知识分子才是民族真正的“奢侈品”，他们教导我们如何度过一生，指引我们成为何种人。王选和程不时都是命运所选之人，这并非天生，也非与现实妥协后的结果。他们经过无数次自省，被命运青睐，与国家命运紧密相连，这样的人生既有趣又充满价值。

中国科学院理论物理研究所研究员、所长。研究领域为引力理论和宇宙学。2017 年增选为中国科学院院士，2019 年当选国际广义相对论和引力学会会士。现兼任中国物理学会常务理事，中国物理学会学术交流委员会主任，中国物理学会引力和相对论天体物理分会主任，国际广义相对论和引力学会理事，亚太物理学会天体物理、引力和宇宙学分会副理事长，金砖国家引力、天体物理和宇宙学学会理事长。国家自然科学基金委重大项目“引力波相关物理问题研究”和创新群体项目“粒子物理和宇宙学”负责人。曾获国家自然科学奖二等奖，入选汤森路透“全球高被引科学家”名单等。

仰望星空，志存高远 —— 兼谈黑洞和引力波

蔡荣根

◎ 2020 年 9 月 20 日，第 209 讲

各位同学、各位老师，非常荣幸有机会到咱们宁波大学作“做人做事做学问”讲座。我今天想通过向大家介绍“黑洞和引力波”这一研究领域的情况来提醒大家在漫漫人生路上要记得“仰望星空，志存高远”。这也是响应我们严校长“做学问要‘好高骛远’、仰望星空、脚踏实地”的号召，所以从这个意义上来说，这个报告也是向严校长致敬。非常感谢楼森岳教授的邀请和学校的安排，让我有这么一个跟大家交流的机会。我这个报告跟通常的报告可能有一点点不一样，因为这个讲座的目的是跟大家分享做人、做事、做学问的感悟，而我是一个很普通的科研人员，资历也比较浅，在这方面感悟不多，所以我主要是向大家介绍一下我的研究领域。后面如果有时间的话，我再跟大家分享一下我自己的一些小感悟。康德曾说过：“世界上有两件东西能够深深地震撼人们的心灵，一件是我们心中崇高的道德标准，另一件是我们头顶上灿烂的星空。”这个灿烂的星空，也就是我们浩瀚的宇宙。我希望通过这个报告，从某一个侧面来阐述康德为什么要把“浩瀚的宇宙”和“崇高的道德”放在一起。

自然界中有一些基本的科学问题，譬如宇宙的起源、物质的起源和生命的起源。我们物理学研究的对象小到夸克、质子、原子、分子，大到星系，乃至整个宇宙。我们的宇宙是我们物理学研究的最大客体。宇宙是怎么起源的？如何演化的？它的命运又是什么？这就是“宇宙学三问”。这非常类似于人生三

问：我是谁？我从哪里来？又到哪里去？这个“宇宙学三问”就是宇宙学的主要研究内容。我们这个宇宙看上去是丰富多彩、变化万千的，但是正如爱因斯坦曾说的：“宇宙中最不可理解的事情，就是宇宙是可以被理解的。”宇宙学从 20 世纪 20 年代以来，有了一些重要的进展。现在我们已经有了一个所谓的标准宇宙学模型。

我们从本世纪与宇宙学相关的诺贝尔物理学奖的获奖情况可以看到，宇宙学现在是一个非常活跃的研究领域。在 20 世纪 20 年代，大家普遍认为宇宙是静止不变的，直到 1929 年，哈勃发现了宇宙在膨胀，“宇宙膨胀”现在是深入人心的概念，这个发现是 20 世纪宇宙学第一个重要的发现。1946 年，伽莫夫提出“热大爆炸宇宙模型”。这个模型预言宇宙中存在一种微波背景辐射，也预言了宇宙中轻元素的丰度。1965 年，CMB（宇宙微波背景辐射）被偶然发现，这个发现获得了诺贝尔物理学奖。CMB 温度有一个十万分之一数量级的涨落，这个涨落非常重要。为什么重要？因为现在宇宙的大尺度结构，全靠这十万分之一的宇宙早期温度的涨落而形成。测量出这个 CMB 涨落的科学家获得了 2006 年的诺贝尔物理学奖。1998 年以前，科学家普遍认为由于物体之间的相互吸引力，宇宙的膨胀就会越来越慢，但是在 1998 年，科学家发现我们的宇宙不仅在膨胀，而且还在加速膨胀。这就是现在所谓“暗能量”问题的起源。这一发现的研究者获得了 2011 年诺贝尔物理学奖。2017 年的诺贝尔物理学奖被授予了“引力波”的发现者，引力波是爱因斯坦 100 年前所预言的。2019 年的诺贝尔物理学奖也“花落”宇宙学研究领域。由此可见，宇宙学现在是一个非常活跃的研究领域。我相信，以后会有越来越多的来自宇宙学领域的重大科学发现。

如果大家关注，近些年来有一些关于黑洞的重要科学新闻。2019 年 4 月 10 日，人类的第一张黑洞照片公布。大家说黑洞是黑的，应该是“看不见的”。那为啥可以拍照？它能被看到是因为黑洞周围有物质。物质由于黑洞强引力场的吸引，会发生激烈的运动，从而发出 X 光。这个黑洞的照片就是黑洞周围物质发射的 X 光的成像。黑洞在图像中间一个非常小的暗区域内。这个黑洞位于 M87 星系，离我们约 5500 万光年，也就是说那个点发出的光要经过大约 5500 万年才能到达我们地球。尽管这个黑洞非常大，但是因为离我们太远，所以给黑洞成像是非常困难的。科学家团队（Event Horizon Telescope，EHT）花了很长的时间，用地球上八台亚毫米的射电望远镜联网，才把这个超大质量的黑洞以照片形式呈现出来。照片上可以看到一个非常亮的光环，有的地方亮些，有的地方暗些。这表明这个黑洞是旋转的，朝我们运动的方向亮度就会高一点，远离我们的方向上会暗一点。它的形状验证了爱因斯坦关于黑洞的预言。2019 年 9 月 5 日，这个团队获得了 2019 年基础物理学突破奖。

2016 年 2 月 11 日，美国国家科学基金会和 LIGO（激光干涉引力波天文台）团队举办了一个新闻发布会。这个新闻发布会的主要内容可以用一句话概括：他们探测到了引力波。大家都非常激动，因为引力波是 100 年前爱因斯坦预言的。从 20 世纪 60 年代开始探测引力波，到 90 年代建设 LIGO，人类经过了几十年的努力，终于实现了引力波信号的探测。这个引力波是两个黑洞碰撞产生的，所以我们把它叫作“听到了黑洞的声音”。LIGO 团队是利用迈克尔逊实验的原理探测到了引力波。爱因斯坦的狭义相对论有一个假设叫“光速不变原理”，利用迈克尔逊实验可以验证这个原理。现在这个实验原理在探测爱因斯坦广义相对论的预言 —— 引力波时立下了汗马功劳。LIGO 实验的两个 L 型探测器的臂长达到 4 公里，二者之间相距 3000 公里，如果用光速传播，也需要 10 毫秒时间。大家可以看到，用广义相对论中的数值模拟产生的信号与探测器上探测到的信号是非常像的。探测时空的振动涟漪（引力波）是很困难的，因为引力波的振幅极其微小，这个 LIGO 探测到的信号振幅只有十的负二十一次方。这个引力波的信号在大约 0.2 秒的时间内，它的频率从 30 Hz 增加到 250 Hz。这个信号非常弱，但是被这两个高灵敏度的探测器捕获到了。相关的论文同天发表在《物理评论快报》上。文章说到，2015 年 9 月 14 日，两个探测器同时探测到一个信号。这个信号的振幅是 10^−21，频率从 30 Hz 增长到 250 Hz。引力波的波源是离地球 13 亿光年远的两个黑洞碰撞产生的，这两个黑洞的质量一个是 36 个太阳质量，一个是 29 个太阳质量，碰撞后的产物是一个 62 个太阳质量的黑洞。那剩余的 3 个太阳质量到哪儿去了？它就以引力波的形式辐射出来了。也就是说，13 亿年以前发生的事情，在 2015 年的 9 月 14 日到达地球，被这两个探测器探测到了。

这件事情具有重要的科学意义。第一，它直接探测到了引力波；第二，人类第一次通过引力波探测到黑洞的碰撞，表明双黑洞系统存在。这一事件一举证实了爱因斯坦广义相对论关于黑洞和引力波的重要预言。爱因斯坦的广义相对论是 1915 年提出来的，2015 年刚好是广义相对论 100 周年诞辰，所以说有特殊意义。两个巨大的黑洞相互缠绕碰撞，运动速度达到了光速的 0.6 倍。这是一个很难想象的、非常激烈的碰撞过程，产生了时空的涟漪，经过 13 亿年的传播到达地球。这是科学界的一个大事件，产生了广泛的影响。比如 2016 年 5 月 2 日，基础物理学特别突破奖授予了 LIGO 团队和早期的三个领导人，雷纳・韦斯、罗纳德・德雷弗和基普・索恩，前两位老先生是激光物理学专家，基普・索恩是理论天体物理学的专家。2017 年诺贝尔物理学奖则颁给了雷纳・韦斯、基普・索恩和巴里・巴里什。基础物理学突破奖的评奖委员会主席、著名理论物理学家爱德华・威滕，说这是一个令人震撼的成就。我们第一次看到爱因斯坦对于引力波的预言是正确的。以前黑洞等概念经常在科幻小说里出现，现在变成了一个科学的实在。以前大多数人并不相信黑洞是存在的，甚至爱因斯坦生前也并不相信黑洞这样的特殊天体在宇宙中存在。现在这个引力波探测告诉我们，宇宙中确实存在着大量的黑洞。著名理论物理学家霍金说这个发现具有巨大的意义，不仅证明了广义相对论的正确性，更重要的是它还为我们提供了探索宇宙奥秘的新手段。

我们以前观察宇宙都是通过电磁波，现在有了引力波，增加了一种新的手段。电磁波是由带电粒子运动产生的，但是宇宙中大量物质是不带电的。我们现在能探测到的发光物质，只占宇宙中物质的 5%，有了引力波，我们可以发现宇宙中许多以前没有发现的物质。引力波的观测装置 LIGO 目前经历了三个时间段的观测，前两个时期大概探测到了十一个事例。其中十个事例是双黑洞合并，还有一个事例是双中子星合并。双黑洞合并，我们只看到引力波的信号，而双中子星合并，我们不仅看到了引力波信号，还看到了电磁波信号。人类首次直接探测到双中子星合并产生的引力波，标志着我们进入了多信使天文学时代。利用电磁波和引力波信号，我们能够反推出引力波源的信息，比如说中子星的质量和状态方程等物理量。LIGO 的第三阶段的观测，看到了黑洞和中子星合并的事例。黑洞的诞生是跟恒星演化相关的。黑洞是恒星死亡的遗迹。根据恒星的演化理论，黑洞的质量至少是太阳质量的三倍。通过引力波的观测，发现黑洞质量有可能小于 3 个太阳质量。如果小于 3 个太阳质量的黑洞确实存在，要么是我们之前对恒星演化的理解还不够深刻，要么这些黑洞不是恒星死亡的产物，而是宇宙极早期形成的所谓原初黑洞。这是一个重要的科学问题。

根据中子星理论，中子星的质量小于 3 个太阳质量。现在观测到的中子星最大质量是 2.7 个太阳质量左右。中子星的最大质量是多少？这依赖于中子星物质的状态方程，就是压强与密度的关系。这个状态方程定下来了，中子星质量就可以确定下来。但是非常遗憾，中子星物质是一个强相互作用的核子物质，我们目前还无法通过理论精确地计算出它们的状态方程，但是通过观测引力波，我们就可以知道中子星的最大质量。另外，对引力波的观测可以用来检验广义相对论。广义相对论是我们人类认识引力本质的一个中间阶段，它不是引力本质的终极故事。我们非常期待什么时候能够看到偏离广义相对论的观测信号，从而建立超越广义相对论的引力理论，从而对引力的本质有一个更深刻的认识。

当然还有更多关于引力波的研究，比如宇宙极早期产生的引力波信号，通过对这些引力波信号的探测，可以了解宇宙演化的起源，这就是为什么霍金认为引力波探测是重要的。对于物质的微观结构，我们有一个模型被称为粒子物理标准模型。在这个模型中，强相互作用、弱相互作用和电磁相互作用被统一起来，但是引力相互作用还没有被统一起来。引力相互作用跟这三种相互作用相比是最弱的，但是在从宇宙诞生到现在的 138 亿年间，它统治着整个宇宙的演化。而且，要想回答上述所说的“宇宙学三问”，就必须对引力的本质有一个深刻的认识。

大家都知道，1687 年牛顿在《自然哲学的数学原理》中提出了万有引力定律。据说是一个苹果落在牛顿的头上激发了牛顿的灵感。为此，牛顿工作过的剑桥大学三一学院门口专门种了一棵苹果树来纪念牛顿。我几年前去剑桥访问的时候，也专门去朝拜了一下，拍了照片留作纪念。关于苹果，有三个故事与大家分享。一个是圣经中亚当夏娃的“苹果”；一个是牛顿的“苹果”；另外是图灵的“苹果”。这些都是与智慧相联系的，也有一点宗教的色彩。牛顿头上到底有没有掉落一个苹果？大家对这件事的解释可能带有一点神话的色彩，其实这个问题并不重要。重要的是那时候牛顿一直在思考这个问题，是苹果让他茅塞顿开，这就是我们经常说的“机会只留给有准备的头脑”。牛顿接到了上帝的礼物，发现了万有引力定律。

牛顿的万有引力定律影响了人们 200 多年，但是到了 1915 年，天才的爱因斯坦却说，世界上根本就不存在引力，引力只不过是时空弯曲的效果。这就是广义相对论。广义相对论有四大经典检验：水星近日点进动、光线在引力场中的偏折、引力红移、雷达回波延迟。这些检验证明了广义相对论的正确性。特别是 20 世纪 70 年代脉冲双星，以及最近引力波的发现，进一步证明了广义相对论是成功的。从牛顿万有引力定律到爱因斯坦的广义相对论是人类对引力本质认识质的飞跃，但是广义相对论仍然是我们认识引力本质的中间过程，但它不是引力本质的终极故事。原因是什么？第一，广义相对论是一个经典理论，跟 20 世纪的另一个巨大的成就 —— 量子力学，还无法自洽地统一起来，我们还没有建立起一个量子引力理论；第二，广义相对论中时空存在奇异性是无法避免的，比如说大爆炸宇宙中的奇点、黑洞内部的奇点。时空奇点的存在表明广义相对论在奇点是失效的。所以尽管爱因斯坦的广义相对论非常漂亮，也非常成功，但是我们人类在认识引力的本质上，还有很长的路要走。当然广义相对论除了解释刚才提到的这些引力实验，还有一个很大的成就，这就是我们可以利用广义相对论和宇宙学原理，建立起一个标准宇宙学模型。在 1917 年以前人们关于宇宙的思考和研究要么是宗教或者哲学层面的，要么是研究天体在空间中的运动规律，没有理论可以研究宇宙本身（时空本身）的演化规律。1917 年爱因斯坦将他的广义相对论用来考察宇宙，标志着宇宙学成为一门现代科学，开启了现代宇宙学的研究。

2005 年，美国 *Science* 杂志创刊 125 周年，邀请了一批世界上著名的科学家，提出 125 个自然科学中没有解决的重大问题。引力的本质就是其中的一个问题。宇宙极早期突然膨胀的过程叫暴胀，推动宇宙暴胀的本质是什么？时间为什么与空间不一样？黑洞的本质是什么？暗物质的性质是什么？暗能量的本质是什么？这些问题都是跟引力本质相关的。21 世纪初，一个美国科学委员会提出了 11 个基础物理最重要的问题，引力的本质这个问题也位列其中。当然也有暗物质和暗能量的问题，以及是否存在额外的时空维度等。

引力问题为什么会那么难？引力是关于时间和空间的理论，时间、空间的概念每个人都在用，比如说时间，现在是 2020 年 9 月 20 日下午 3 点，空间的话，比方说我现在在宁波大学。但是这只是我们对时空的一种感觉。事实上，时间、空间的本质到底是什么？这是一个大问题。比如说时间有没有起点和终点，时间的流逝是不是均匀的？我们古人说时间像流水一样，川流不息，但他们没有考虑过时间是否是均匀流逝的。对于空间问题也是如此。现代理论物理的研究表明，时间和空间不是预先存在的概念，而是从更深层次的物理规律中衍生出来的。这是一个前沿研究，尚没有定论。

爱因斯坦是如何从对牛顿引力的研究发展出他的广义相对论的？1905 年，爱因斯坦建立的狭义相对论告诉我们，任何相互作用、任何信号的传播都需要有时间，传播的最快速度就是光速。所以当时很多的科学家、学者想把牛顿引力发展成为一个相对性的理论。但是爱因斯坦笑到了最后，得到了正确的理论。他主要考虑两点：一个是引力的普适性，或者叫等价原理。等价原理是指物体的自由落体运动完全不依赖于物体。一个木球也好，一个铁球也好，在相等的时间内必定会下落相同的距离。我们来看一个思想实验。在物理学的发展历史上，思想实验是非常重要的。

一个著名的思想实验叫作爱因斯坦的“电梯实验”。这个实验设想一个人在一台密封的电梯里面，一种情况是电梯停在地球表面，这个人释放一个小球，观测小球的运动。另一种情况是设想撤去地球，电梯以9.8米每秒平方的加速度向上运动，这个人同样释放一个小球，并观测它的运动。试问这个人通过观测小球的运动是否能区分这两种情况？答案是否定的。通过这个思想实验，爱因斯坦发现了引力其实与惯性力是等价的。

另一点是马赫原理。马赫原理是说物体的惯性运动是由宇宙中所有物质引起的。爱因斯坦接受了马赫的观点，他认为时空中的物质会改变时空结构。这两个概念的突破是爱因斯坦取得成功的关键。但仅仅概念突破是不够的，物理规律还需要以数学形式呈现。从1907年起，爱因斯坦思考这个问题，经过艰苦卓绝的努力，到了1915年，他才把现在广为熟知的爱因斯坦引力场方程写出来。其间，爱因斯坦也发表了好几篇文章，但是后面发现其中许多都是错的。所以在科学研究过程中犯错误没什么奇怪的。爱因斯坦曾说，假设一辈子没犯错误的话，那你可能从来都没有尝试过什么新鲜的东西。因循守旧就不容易犯错，但是如果你要创新，肯定会犯错。所以犯错没什么要紧，关键是能够承认错误，在不断试错过程中找到正确的答案。

爱因斯坦引力场方程非常漂亮。这是一个张量场的方程，方程的左边描述的是时空的几何，方程的右边是物质的能动张量。这个方程将时空的几何和时空中的物质联系起来。

著名的美国理论物理学家惠勒对广义相对论这个方程有个经典的解释：物质告诉时空如何弯曲，时空告诉物质如何运动。另外一个著名的理论物理学家朗道对广义相对论有个高度评价，他说“这可能是最漂亮的理论”。他用了一个最高级，且未加“之一”，为什么他对爱因斯坦的广义相对论评价这么高？我想因为这是一个事实。自然科学的发展历史中，包括物理学的发展、新理论的提出，都是在旧的理论无法解释新的观测事实的基础上不得不提出来的。但是在100年以前，没有任何观测事实表明牛顿万有引力定律需要修改。爱因斯坦为什么要提出广义相对论？广义相对论可能是科学史上唯一的例外。爱因斯坦提出广义相对论是因为理论的内部逻辑自洽性的要求。我们知道爱因斯坦的狭义相对论只对惯性系成立。为什么惯性系如此特别，具有崇高的地位？为什么惯性系与非惯性系不能有机地统一起来？爱因斯坦正是分析了引力与非惯性系的关系，揭示了引力的本质。所以爱因斯坦广义相对论从某种意义上来说是人类理性思维或者逻辑思维胜利的一个光辉典范。

爱因斯坦的理论虽然漂亮，但是仍然需要实验的检验。第一个检验是水星近日点进动，水星绕太阳运行的轨道并不是封闭的，它是会进动的。第二个检验是光线在引力场中的偏折，爱因斯坦的理论表明时空是弯曲的，光就不走直线了。1919 年 5 月 19 日会发生一次日全食。爱丁顿和戴逊分别率领两支观测团去南非和巴西观测这次日全食。看光线穿过太阳附近的时候，它的偏转角是不是满足广义相对论的预言。多年以后，爱因斯坦的助手问他，假如你的广义相对论没有被 1919 年的日全食所证实的话，你会有怎么样的反应？爱因斯坦说了一句著名的调皮话，他说："那我只能对亲爱的上帝说抱歉了，不管怎么说，我的理论是对的。"尽管是句玩笑话，这也反映了爱因斯坦对这个理论的自信和喜欢。这么漂亮的理论，怎么会是错的呢？大家知道，1905 年是爱因斯坦的"奇迹年"，他在这一年创立了狭义相对论，并完成了其他几项重要工作，譬如利用光量子解释光电效应。

但是，爱因斯坦真正成名并为大众所熟知，是因为他的广义相对论被爱丁顿等人证实了。第三个检验是引力红移。光线从引力强的地方传播到引力弱的地方会发生红移，从引力弱的地方传播到引力强的地方会发生蓝移。第四个检验是雷达回波延迟。比如说在地球上发射一个雷达信号到火星上去，然后从火星上反射回来，传播的时间有延迟效应，这是太阳引力导致的，大概 200 毫秒。现在的通信都需要考虑这些效应。上述就是广义相对论的四个经典检验。

爱因斯坦广义相对论的两大预言是黑洞和引力波。黑洞是爱因斯坦引力场方程的一类特殊解。1915 年，德国天文学家施瓦西在战争前线找到了引力场方程的精确解，并将其寄给了爱因斯坦。爱因斯坦帮助他在 1916 年发表了这个结果。但很遗憾。文章发表时他已经去世了。现在知道，施瓦西解就是一个黑洞解。但是当一个天体的半径小于自身两倍质量时（自然单位制），这是一个什么天体，是否存在，一直没有弄明白，直到 1968 年人们才明白，这个解描写的是一个黑洞。“黑洞”是 1968 年由著名理论物理学家惠勒命名的。黑洞看上去很复杂，很神秘，其实非常简单。粗略地说，黑洞就是一个特殊的天体，特殊之处在于它的引力非常强，强到连光也不能逃逸出来，所以它是看不见的，是黑的。从数学上来说，黑洞指的是一个时空的区域，这个区域的边界叫视界。所有物体穿过视界就掉到黑洞里面去了，而黑洞里面的物体是无法出来的，所以视界是单向的。但是不管黑洞是怎么形成的，它只有三个参数：质量、角动量和电荷。你不管做任何实验，光学的也好，电磁学的也好，力学的也好，也只能测出这三个参数。这叫作黑洞的“无毛定理”。在实际的天文环境当中，电荷一般是不会出现的，所以它只有质量和角动量，即一个旋转的黑洞。黑洞是怎么形成的？黑洞是恒星死亡的产物。太阳是一颗恒星，是其内部的氢核聚变反应产生的压力与自身的引力维持平衡的结果。这样的核反应是有寿命的，太阳大概还剩下 50 亿年的寿命，那反应完了怎么办？它就会坍塌，温度升高，然后发生爆炸。如果原来的恒星质量很大的话，由于量子效应，电子的简并压与引力维持平衡，产生的产物叫白矮星，但白矮星的质量有一个上限，就是 1.4 倍的太阳质量。如果电子的简并压无法和引力维持平衡的话，就会把电子压到原子核里去，导致中子气体的压强与引力维持平衡，这形成了中子星。中子星也是非常致密的天体，如果中子压也无法维持平衡的话，这个恒星就会坍缩成黑洞，这就是为什么黑洞的质量至少是 3 个太阳质量。在以前，大家都觉得黑洞这样的物体不会存在，因为黑洞太致密了。打个比方，如果太阳要变成黑洞的话，太阳的尺度要坍缩成 3 公里，如果把地球压成一个黑洞。其半径 6400 公里要变成 9 毫米才行，这是不可想象的，所以当时的科学界都认为黑洞不可能存在。但是现在天文学的观测表明，宇宙中存在很多黑洞，几乎每个星系当中都有一个非常大的黑洞。我们银河系里面就有这样一个大黑洞，人马座里面有个超大质量的黑洞，有 400 万个太阳质量，离我们 2.6 万光年。银河系里还有许多小的恒星级黑洞。

在20世纪60年代以前，广义相对论理论本身虽然很漂亮，但是只有很少的人研究它，主要原因是引力的相对论效应太小了，获得实验检验的难度很大。另外，那个时候大家的注意力都被吸引到粒子物理学方向上了。那个时候是粒子物理学发展的黄金时期，一会儿有个新粒子，一会儿又有一个新粒子。新粒子的不断发现极大地推动了粒子物理的研究。当时研究广义相对论和黑洞的主要有3个研究组，美国的惠勒团队、俄国的泽尔多维奇团队和英国的西阿玛团队，现在国际上从事宇宙学和引力理论研究的著名科学家，大多是这三位科学家的学生或者学生的学生。在70年代，一批著名的理论物理学家如霍金，大大地把广义相对论的研究往前推进了一步。在这儿跟大家讲个故事，美国普林斯顿大学的教授惠勒有一个博士生叫贝肯斯坦，他是犹太人，前几年不幸去世了，惠勒说黑洞只会吃东西，东西掉进去就出不来了。设想往黑洞里倒一杯水，水具有信息，但是对于黑洞外面的观测者来说这个水的信息就不见了，那就违反了热力学第二定律。惠勒教授把这个任务交给贝肯斯坦。贝肯斯坦研究了这个问题，利用信息论，他发现黑洞应该有熵，并且推出来了黑洞的熵公式，这个熵正比于黑洞的视界面积。这篇文章在1973年发表于美国《物理评论D》。黑洞是一个经典物体，没有温度，怎么会有熵呢？霍金反对贝肯斯坦的观点。但是非常具有讽刺意义的是，他考虑了黑洞外面量子效应之后，发现黑洞不是黑的，它有温度，并以热辐射的形式向外辐射物质。在1974年英国牛津大学举办的一个量子引力研讨会上，霍金公布了他的研究成果。当时的会议主席泽尔多维奇不承认霍金的结论，几年之后才接受，因为不同的专家用不同的方法得到了相同的结论。在科学上提出新概念、新发现、新成果时，往往不会马上被科学界所接受。这是常态。

当人们提出新观点、新发现、新思想时，科学界通常有三个反应。第一个反应是这个想法错了，因为跟传统想法不一样。但是大家回去想了想、算了算发现这个结论是对的。然后接着是第二种反应：这个发现或者思想太平凡了，没什么新意。进一步思考后，发现这个思想还是很重要的，具有重要的意义，接下来是第三个反应：我早就考虑过这件事情了。这看上去是个笑话，但确实是经常发生的。所以说新理论的问世碰到困难很正常，科学的每一次进步，都不光是要与天斗，还要与人斗，我们要坚持自己的观点。黑洞霍金辐射的发现推动了黑洞热力学的研究。黑洞热力学是黑洞的半经典量子引力的效应，所以黑洞通常被认为是通向量子引力的一个窗口。在黑洞热力学里，广义相对论、量子力学、统计物理和信息论等纠缠在一起。黑洞热力学天生是一个十分重要的前沿交叉领域，自 70 年代以来一直是理论物理的一个重要研究领域。

物理学家有一个梦想，就是建立一个大统一理论，将自然界中的四种基本相互作用统一起来。这其中就需要先建立一个量子引力理论。黑洞可以被认为是量子引力理论的第一个实验室。黑洞为什么有温度？为什么有熵？熵为什么正比于黑洞面积？熵的微观自由度是什么，在哪儿？这些是量子引力理论必须回答的。通常来说，熵是和系统的体积成正比的，但是黑洞的熵是与黑洞的面积成正比的。这个揭示出引力相互作用与其他三种相互作用非常不一样，黑洞熵的形式揭示出引力具有全息性。所谓全息性，是指激光的全息照片可以记录物体几何的整体信息。引力具有全息性质，就像引力的自由度是分布在系统的表面上，而非其内部体积。这个就是引力的全息性质。引力具有全息性是 1994 年由诺贝尔物理学奖获得者胡夫特提出来的，后来著名理论物理学家萨斯坎德进一步发展了这个思想。1997 年实现引力全息性质的一个具体例子被提出来了，这个就是所谓的引力 / 规范场对偶。

认识到引力具有全息性，是人类对引力本质认识的又一次飞跃。另外，利用引力 / 规范场对偶，我们认识到广义相对论不仅仅是一个引力理论，它也可以作为一种方法来研究非引力系统的性质，例如强耦合的超导材料、低能核物理、强耦合的流体力学等。从 20 世纪末到现在，引力全息性质的研究及其在强耦合系统中的应用一直是非常活跃的研究方向，并取得了许多重要的研究成果。

下面我给大家介绍一下引力波。引力波是爱因斯坦在 1916 年的时候提出的。引力波的存在性可以从爱因斯坦引力场方程中看出来：如果方程的右边等于零的话，方程就有一个平面波解。但是可以看到引力波振幅是非常非常小的，一方面其振幅正比于引力常数，另一方面它是由于体系的质量四极矩的时间演化而产生的。所以当爱因斯坦提出引力波时，他说对于引力波，人们可能只有理论上的兴趣，人类可能永远也无法观测到它。但是经过100年的努力，2015年我们观测到了引力波。所以科学的发展往往是不可预期的，有的时候突破起来非常迅猛。电磁辐射的最低阶辐射是偶极辐射，而引力辐射的最低阶辐射是四极辐射。引力波到底是不是客观存在且可以被探测到？这个问题一直到1957年才被确定下来：科学家发现引力波是携带能量的，它是可以被探测到的。

1957年，第一届国际广义相对论会议在美国召开。很多知名人士，包括诺贝尔物理学奖获得者费曼等参加了这次会议。会议的一个主题是引力波。韦伯参加了这次会议。他回去后就设计了一个铝棒天线，这个天线长153厘米，直径有60厘米。引力波过来，这个铝棒会发生共振，共振之后，敏感器就放大并记录这个信号。在60年代，他几次宣称观测到了引力波的信号，文章也发表了，但是大家都不承认他的观测结果。现在可见，他的引力波天线的灵敏度可能无法达到探测到引力波的程度。70年代的时候，前面介绍的两位老先生提出用激光干涉的办法来探测引力波，这个就是后来LIGO用的原理。引力波其实跟电磁波的性质差不多，第一，它以光速传播，但是它的频率可以非常宽，不同的波源产生的频率是不一样的。目前，我们对于引力波的探测主要分成四个频段：10^–16 Hz左右的原初引力波频段，10^–9 Hz左右的纳赫兹频段，10^–3 Hz左右的毫赫兹的空间引力波探测频段，以及10^2 Hz左右的地面引力波探测频段。

我们现在对引力波的探测已经有了许多的进展。在地面上的引力波天文台，第一代有美国的LIGO、欧洲的Vigro（室女座引力波探测器）；而日本的KAGRA（神冈引力波探测器）和印度准备建造的LIGO–India（印度激光干涉引力波天文台），是第二代地面引力波探测台；欧洲的Einstein Explorer（爱因斯坦探测器），臂长由几公里延伸到了10公里，美国的Cosmic Explorer（宇宙探测器)计划其臂长为 40 公里，这是第三代的地面引力波探测台。当然在地球上这个臂长是有限的，因为地球是弯曲的，灵敏度也是有限的，因为会受到地震的影响，所以 1 Hz 以下的引力波频段就要放到空间中去探测。欧洲有一个 LISA 项目，会在 2035 年左右发射三颗卫星到空间中去，三颗卫星间距离大概有 250 万公里，用激光链路将三颗卫星连接起来。其基本原理与地面上探测引力波是一样的。我们国家也准备在空间上放三颗卫星来探测引力波，空间引力波的探测非常具有挑战性，有很多关键技术需要突破。虽然非常困难，但是人类是愿意接受这种挑战的。我们国家成功发射了“太极 1 号”和“天琴 1 号”，取得了初步的成果，为我国空间引力波的探测打下了坚实的基础。国家也部署了相关的项目，推进我国引力波的探测。除了地面和空间的引力波探测，对于纳赫兹引力波的探测，我国有“天眼”射电望远镜可以用来探测。对于原初引力波，我们国家有一个阿里项目，美国在南极开展了一些项目，这些都非常具有挑战性，也有着重要的科学意义。对于原初引力波，也有卫星项目，但是还在概念设计阶段，没有得到批准。

不管怎么说，我们人类的终极目标就是理解我们这个宇宙，宇宙是怎么诞生的，怎么演化来的，它的命运是什么。经过 20 世纪和 21 世纪 20 年的努力，我们对宇宙的了解已经非常了不起，已经有了一个标准宇宙学模型：宇宙极早期有一个暴胀阶段，接下来是热大爆炸演化，我们现在能看到的物质占宇宙总物质的 5%，还有大量的暗物质和暗能量难以被探测。暗物质的性质是什么？暗能量的本质是什么？广义相对论在整个宇宙演化过程中成立吗？这些都是现在面临的问题，都是挑战。

以前我们探测宇宙都是通过电磁波，最精确的探测实验是宇宙微波背景辐射。现在有了引力波，引力波是物质加速运动产生的，暗物质和暗能量都是不带电的，所以要考察这些物质的性质以及宇宙演化的历史，引力波提供了一个非常好的手段。因为引力波一旦诞生，它跟宇宙背景几乎是不相互作用的，所以通过探测引力波的信号，一方面能知道它诞生的物理过程是什么，另一方面能知道宇宙是怎么演化而来的。所以电磁波、引力波等的探测造就了多信使天文学时代。我们现在宇宙学中的大问题，如暴胀模型、暗物质、暗能量，通过引力波我们也许能够知道一些最重要的基础物理规律，比如说除了四种基本相互作用，是否还存在其他相互作用？有没有第五种力？为什么牛顿引力常数那么大？时空的基本结构是什么？引力的本质是什么？广义相对论中时空是一个光滑流形，但是在能标非常高的时候，比如说宇宙极早期时，时空是不是连续的？它有量子涨落，时空可能是离散的。三加一维时空之外是不是还有更高的维度？是否存在粒子物理标准模型之外的粒子？这些基础问题当然必须通过实验来回答。引力波将开启一个新的时代，因为宇宙中还有95%是我们不知道的，宇宙中蕴含着大量秘密，有待我们去揭示。一个民族需要一些仰望星空的人，这样的民族才有希望。抬头仰望星空，俯身脚踏实地。

谢谢大家！

王建宇

中科院院士，中科院上海技术物理研究所研究员，博士生导师，中科院空间主动光电技术重点实验室主任。

近年来，他负责多项重大课题，包括国家探月工程、“863 计划”等，在光电探测领域取得多项国际先进水平的成果。他是量子科学实验卫星工程常务副总设计师、卫星总指挥，空间引力波探测技术实验卫星——“太极一号”总工程师，国家高分专项航空系统副总设计师，是我国空间光学载荷、光电探测方面的著名专家。

任 COSPAR 中国委员会委员，SPIE 亚太遥感会议 / 多光谱、超光谱遥感技术和应用会议主席，《红外与毫米波学报》副主编，《遥感学报》编辑出版委员会副主任委员。编著著作 1 部，发表论文 100 多篇，拥有发明专利 60 多项。先后获国家技术发明奖二等奖 2 项，科技进步奖二、三等奖各 1 项，中科院杰出成就奖 2 次，获全国五一劳动奖章，入选国家“百千万人才工程”，曾被评为上海市科技精英、上海市优秀科研院所长等。

机遇缘于准备，成功贵在坚持

王建宇

◎ 2021 年 4 月 26 日，第 212 讲

宁波大学的老师、同学们，我大学毕业以后的第一份工作就在宁波师范学院，所以到宁波大学还是非常开心的。

今天，我想跟大家分享一下我二三十年做科研的一些想法，尤其是要介绍一下“墨子号”的情况。因为我是研究物理的，这可能对大部分学生来说有点难度，所以需要先科普一些物理知识。要介绍“墨子号”的情况，特别是涉及量子物理、量子技术的部分，内容也是比较深奥的。因此，我尽量用比较通俗的语言，希望能够使内容比较好理解。

第一，先来探讨一下光的特征。每天我们都会接收到光，但物理学理论中的光和我们肉眼所见的光却有很大的区别。20 世纪前叶是物理学发展最快的时期，有两大发现：一个是普朗克提出了量子论，另一个是爱因斯坦提出了相对论。可能相对论相对于量子论较为普及，但是量子论对我们的生活影响更大。如果没有量子论，就没有现在的半导体，我们平时不离手的手机也不可能生产出来。爱因斯坦是第一个提出相对论的人，但是他获得的第一个诺贝尔奖却恰恰是在量子论或者说是光电效应方面。

那么，什么是量子论？

普朗克在 1900 年提出一个非常惊人的假设：能量不是连续可分的，而是以离散的、特定的最小单位（量子）形式存在。他进一步指出，能量的量子化

是以特定最小单位的整数倍形式呈现的，并引入了一个常数，即普朗克常数（h），来描述这些能量量子的大小。他也因此获得诺贝尔奖。

爱因斯坦提出了光量子概念，即将光不断地拆分，最后可以分到一个一个光子，这个光子可以相当于光速运动的粒子，是人眼所不能观察到的。不过，实际上我们能看到的、接收到的所有光里面都是包含光子的。关于光的概念，牛顿提出了光的微粒学，他那时候认为光是一个个粒子打过来，打到眼睛，眼睛就看到光了。牛顿完成了著名的三棱镜色散实验，经过三棱镜的太阳光可分出五颜六色的光，这是最早的波长概念。但是，牛顿却认为光是粒子性的。牛顿的微粒流假设却难以解释光在绕过障碍物之后所发生的衍射现象。因此，另外一个科学家托马斯·杨反对牛顿的观点，他提出了波动说，认为光的本质是波。后来，爱因斯坦从量子论的角度，提出"为什么光不能既是粒子又是波"的观点，这就演变成最基础的波粒二象性。这一观点的提出在当时是令人不可思议的，尽管如今物理学界已经对此认可。

光的波动性被认可后，促进了电磁学的快速发展。英国科学家麦克斯韦在总结前人研究电磁现象的基础上，建立了完整的电磁波理论，即麦克斯韦方程。麦克斯韦方程是现代电磁学的基础，而光的所有性质都可以用麦克斯韦方程来解释，"光也是一种电磁波"这一观点逐渐被大家认可。生活中我们能看到的只是电磁波中非常少的一部分，更多的是看不到的。电磁波在可见和近红外波段部分具有比较典型的光的特征。而波长更长的微波，有与之不同的特性。但是，麦克斯韦方程组还是不完全，爱因斯坦提出的光子假设对它具有补充作用。爱因斯坦认为：第一，光是由光子组成的光子流，光的能量集中在一颗一颗光子上。第二，光的能量和频率成正比。光具有能量，能量大小是普朗克常数乘以光的频率，也就是频率越高能量越大。实际上，紫光频率是最高的，光的频率高低与红橙黄绿青蓝紫相反。所以一个紫光的光子比一个红光的光子能量要大，这与它的频率有关系。所以说光的波粒二象性奠定了量子力学的基础。第三，光子具有整体性，在光合作用或者电子作用当中，光子只能被整个吸入或者放出，不能放出 1/2 的或 1/3 的光子。因此，爱因斯坦提出光量子学说，并用光电效应证明了光的粒子性，获得诺贝尔物理学奖。

理解了光子的概念，更为难懂的是量子。量子即最小的不可分割的基本单位。但是，辩证唯物主义的理论认为世界物质是无限可分的。二者是否矛盾呢？举个例子，我把水一直分下去，最后分出来一个水分子。再强的化学家，他也不可能给你拆分出三分之一的水分子或二分之一的水分子。那么，从水的角度就不能继续拆分了，但是从万物角度来说，它又可以分成一个氧原子、两个氢原子。所以仔细想想，伟人说的话还不矛盾，是有办法去解释的。

除此之外，量子还有哪些现象呢？

众所周知的一个经典理论，计算机使用零和一的二进制计算。计算的时候，零就是零，一就是一，这是很清楚的。但是，在量子世界里面不同，它认为有可能是零，也有可能是一。正如“薛定谔的猫”可能是活着的，可能是死掉了，要想知道它是死是活，你必须得把箱子打开看看。再举个例子，转一个硬币，问这个硬币拍下来是字还是花呢？换一种问法：一个硬币，转 1000 次，拍 1000 次，大概多少次是字呢？用比较专业的术语解释，它是按一定概率。不管是花还是字，是零还是一，都是具有概率性的。如果你不去测量它，或者不去拍它，你无法确定答案。一旦测量以后，这个量子的状态就会破坏，我们物理上叫坍缩到经典状态。

所以，除了波粒二象性以外，物理上还有量子不可克隆原理，这与一档叫作《拷贝不走样》的节目十分相似。一排人进行游戏，将一句话由第一个按顺序传递，传到最后一个人，几乎没有可能与原话一模一样。其实量子也是一样，测量以后它就不会是原来的状态。所以，量子物理学家从理论上去推导一堆量子，通过测量的方法，再把它转化成一堆新的量子，我们把这个过程叫作拷贝。理论上，后产生的量子和原量子至少有 25% 是不同的，这是量子力学理论决定的，这就叫量子不可克隆原理。这同以牛顿力学为代表的经典物理有根本的区别，量子力学理论主要表现在微观物理世界。而到目前为止，还没有一个物理学家能够确定微观与宏观分界线在何处。但是，量子力学里面的原理，很多都可以被间接地证明，还可以运用于我们的生活当中。比如，制作半导体集成电路就运用了量子力学理论。

刚刚提到光具有波粒二象性，而什么叫粒子呢？大家高中最先接触到的就是牛顿力学，比如汽车有自己的性质，如质量、速度、位置等，这就是粒子。什么叫波的特性呢？我们可以把波比作一根甩动起来的绳子，可以看到波一定会有波长，有波振动的方向。再进一步来说，波里面有相位，就是一个波里面有不同的位置，这些都是波的特性。之后发展的量子通信就用到了很多光学里波的特性。在光学里面有个专有名词叫偏振光，实际上这个技术在我们生活里也有应用，比如立体电影。他在屏幕上把两幅不同的图像叠在一起，在偏振片的作用下，每只眼睛只能看到一幅图像，这样才能在脑子里合成立体的图像。此外，量子通信就运用这一技术，根据波的方向来投掷灯光振动面，如果射入最一般的自然光，两个方向的光线都是随机相等的。

第二，我参加了“墨子号”研制的整个过程，那么“墨子号”到底是干什么的呢？“墨子号”是我们中国科学院空间科学先导专项首批四颗科学实验卫星之一。在2000年以后，科学需要知识创新，科学院对国家提出改革，并且申请项目资金，科学实验卫星专项就包括其中，量子科学实验卫星就是其中之一。

当时，潘建伟院士作为首席科学家，理论、方法、要求是他提出来的，而我相当于从工程上配合他，我当时是工程常务副总设计师。因为科学院原来给国家做过很多卫星实验，但是从没有自己全盘做过卫星实验，这其中涉及的要素十分复杂，比如协调火箭发射场测控系统。所以，我们就从航天八院请了一个老先生来当我们的工程总设计师，而我就专心致志地将潘院士提出来的技术要素变成工程，我们二人配合得非常好。我们建造了卫星与地面站共同构成的天地一体化量子科学实验系统，在两年的设计寿命期间，“墨子号”将进行三大实验任务——星地高速量子密钥分发实验、星地量子纠缠分发实验以及地星量子隐形传态实验。

第一个任务是星地高速量子密钥分发实验。要做的第一件事情，就是量子方法产生的密码的分发。理论上讲，这种密码在物理层面是不能被破解的，但它是有边界条件的。先简单介绍一下这个密码是怎么产生的，就能理解为什么不能破译。举个例子，我用光子作为密码，向A发一个密码，B要截取这个密码。我总共发送了1万个光子，A可能收到了2000个，而作为物理学家的B收取了另外的8000个。但是，虽然B收取光子的水平更高，但他并不能拿到密码，就是说只要被截取的光子不产生密码，再多也没用。只要把这2000个光子拿出来，我和A两人之间就可以产生密码。这就是其中的第一个原理，因为是使用量子方法产生的密码，因为单光子不可分割。

第二个原理是单光子不可克隆理论。只要我拿出密码的一部分与A进行比较，如果有10%甚至20%的密码是不一样的，就有可能是别人拦截和拷贝以后再给我的，因为前面提到单光子不可克隆，克隆以后至少有1/4的不同。如此一来，我就能保障密码的安全性。如果用更科学更严格的说法，就是在量子密钥分发过程当中，科学家利用了量子有多个叠加态的原理，用量子作为密钥。这样一来，一旦有人试图截获或测试量子密钥，就会改变量子状态，科学家便能立刻从改变中发现有人动了钥匙。所以，利用量子不可克隆和不可分割的特性，就能实现无条件安全的通信方式。

但地面光通信如此发达，为什么一定需要卫星呢？由于光纤的固有损耗，据统计，距离100公里左右，基本上光通信不可能再成功，所以向100公里外发送密码就要另寻出路。如果我在100公里处用传统的方法将密码再发送一次，不仅密码会发生改变，他人还可以在第二个发送过程中窃听，如此一来就失去了量子方法的优势。这时，就涉及另外一个学科：量子中继，但是多一个量子中继就降低一些安全性。科学家经调研发现，真空里不会有光的损耗，想要实现覆盖全球的广域量子保密通信，还需要借助卫星的中转。而且如果使用地面中继在世界范围内发送，每100公里就要建造一个中继，假设要在美国领事馆和中国的大使馆之间建立一个量子密钥网络，面对大西洋和太平洋就无处下手。但是使用卫星，中国和美国就能建立起绝对安全的量子密钥。

如果以上的实验成功，就可以实现全球量子密钥分发，这也是潘建伟院士给我提出的第一个要求。量子密钥为什么通过卫星可以发送呢？道理非常简单。比如，在北京和新疆有两个空间站，我们要把一个密钥分发到这两个空间站上去。在卫星和地面站上用我们的技术可以建立一个密钥，我们叫它K1。到北京的上空，我们又可以建立一个密钥，我们叫它K2。此时两个地面站拿着两把不同的钥匙就可以把卫星上面的两把钥匙用二进制做一次异或，这样可以出来第三组数据。把这个数据用明码发到地面站以后，我拿着这把K2的钥匙和传下来的异或的数据做一次反异或，就得到K1。于是，就实现了两个地面站之间安全的传递，这是我们第一个任务。潘建伟院士虽然在欧洲积累了十足的经验，但面对如此大的国家级项目，要达成这样的目标确实也不容易。

我们的第二个任务叫星地量子纠缠分发实验。量子只有在被观测或测量时，才会随机地呈现出某种确定的状态。但是有一种量子叫作纠缠量子，是在特异的情况下产生的。而所谓量子纠缠，则意味着两个纠缠在一起的量子就像有心电感应的双胞胎，不管两个人的距离有多远，当哥哥的状态发生变化时，弟弟的状态也跟着发生一样的变化。这个现象在物理学界争论了许久。爱因斯坦就对此持有批评的态度，他认为这一现象在量子科学中是不可能存在的，你不去测量它是不可能知道的。为此，他提出了一个所谓的相对论的定律性。而哥本哈根学派，他们坚信量子力学是正确的，所以提出了另外一个观点：在一种特殊情况下，对一个粒子的测量会改变另外一个粒子的状态。

因此，爱因斯坦认为一定是量子力学这个理论不完备，有缺陷，所以纠缠量子是在某种特别的情况下产生的一种奇异的量子。他还专门写了一篇文章，提出量子力学是矛盾的。但是，对于争论，物理学不像数学一样严格，只要能够实验成功，那你提出的理论就能让人信服。那实验要怎么做呢？一直到1964年，有一个叫贝尔的科学家提出贝尔不等式。这个不等式，在经典的方法上，就相当于是取模，它一定是一个小于等于2的数。但是，如果用量子的方法去计算，它最大可以超过2。这个理论推导出来了，科学家可以借助这个理论想办法去模拟不同的量子做实验，如果实验结果大于2，说明这种现象是存在的。这个不等式十分著名，并且得到了非常高的评价。但是，直到1972年才实验成功，实验的结果的确证明这种现象是存在的。又有物理学家对实验室的结果产生怀疑，他们认为测量不可能完全无间隔，如果测量的间隔比光速还慢的话，就有可能对实验结果产生影响。后来，凡是要做这个实验，大家都认可必须满足这一条件：用光速来传递信息，就是使得两边测量的时间间隔比光速从这一点传到另一点还要快。之后，这一实验就演变成了物理竞赛，即这一纠结现象的证明比赛。2008 年到 2012 年，我们在青海湖畔做了一些实验，证明了 100 公里内这一现象是存在的。取得突破之后，我们就把这个距离延长到 1200 公里。其实当时潘院士提出这个想法时，我是有些犹豫的。因为这一实验很困难，不仅卫星上面的两颗光子要同时发到地面站，而且要同步、精准。但是，机会难得，我们还是全力一试。

过一段时间，潘院士又提出第三个任务 —— 地星量子隐形传态实验。量子隐形传态的概念，我们可以做一些形象的比喻：如果要把 X 从地面传到天上，我可以产生一对纠缠的 a 和 b。首先我和 a 做一个测量，测量结束以后，X 就坍缩成经典状态。但是，由于 a 与 b 是纠缠的，所以对 a 的测量等同于对 b 的测量。我把测量的结果传送到天上，和 b 做一个幺正变换，就可以使这个粒子回到 X 的状态。这与拷贝有很大不同，它将信息传出去了，但本体不存在了，而拷贝的本体还在。从理论上来说，通过量子力学甚至可以大变活人，但这只是美好的愿景，中间要涉及化学的、生物的等多种因素。为了完成第三项任务，我们设计了一个实验，天上部署了一颗卫星，下面建了光学空间站：一个在新疆，一个在青海，一个在云南。实验中，空间站的选择很有讲究。首先，在这个实验中，大气对光的影响很大，尤其是雨水，因此我们选择了大气干净的西北地区。其次，卫星飞过两个地面空间站的时间有限，为了避免误差，需要建立较多的数据，所以我们设计了两对实验对象。

还有另外一个实验，我们在海拔 5000 多米的西藏阿里建造实验室，把系统放到上面去。因为条件艰苦，所以这个实验室里是以研究生等年轻人为主的队伍，他们要在那里工作半年甚至更久。我们建造了许多地面站，使得卫星可以与地面测控站进行联络，也可以进行量子实验，还能做两个地面站之间的干涉、纠缠实验。由此，我们可以看出真正进行卫星实验是一项大工程，当时我们还戏称卫星发射为“出征”。2016 年，我们将实验设施建造完成，2017 年

1 月，我们完成了所有实验。最后，我们将这一科学成果附在论文上投稿给美国 *Science* 杂志，投稿一个月就被接受了，还将我们的实验在 1200 多个平台报道。2018 年，这篇文章在 *Science* 杂志上获了大奖，这一奖项还是非常有含金量的。因为 *Science* 杂志是全球权威的科学期刊平台，一年只评一篇，并且据统计，获得这个奖的成果最后大约有三分之一获得了诺贝尔奖，所以这一奖项还是非常有价值的。此外，我们还有两个成果在八月份刊登在一期 *Nature* 杂志上面，这种情况也是非常少有的。

2019 年 8 月，我们所有的实验成果全部上交国家以后，潘院士又带领我们利用卫星做了大量的实验，其中“广义相对论退相干”实验结论也在 *Science* 杂志上发表。广义相对论中有一个疑问，即距离远的情况下广义相对论会不会发生退相干，这个疑问也产生了很大争议。通过“墨子号”能证明，至少在 1000 公里的范围内，我们没有发现退相干的情况。2017 年的 9 月，我们的科学院院长和奥地利科学院院长，还用这一系统进行过一次保密的视频通话，这一成果成为 2017 年的世界物理学十大进展之一。

接下来，再介绍一下“墨子号”的基本情况。尽管中国这两年发展很快，但是在高技术领域还是受制于人。所以，我从四个方面来分析“墨子号”成功的基础。

第一个方面，中国航天技术和空间激光技术已经有长足的进步，航天器发射的数量居国际第二。也就是说，中国在做卫星、做激光这两个领域已经有很好的基础了。即使在“文化大革命”时期，中国航天的研究也未曾中断，所以中国的航天技术是较为领先的。1970 年 4 月，中国的第一颗人造卫星——“东方红一号”就已经发射升空，当时我还在读小学四年级，但印象十分深刻。当然，现在我们在技术上已经是国际上最先进的水平了，特别是在载人航天天地往返能力、在轨控制能力、人类的空间生存能力等方面。我们有探月工程，探月工程超远距离的测控有 40 万公里，如今我们将成功着陆火星，测控 6000 万公里的距离。“天问一号”如今围着火星绕行，五月份还要在火星着陆。在“天问一号”上，我们团队有两个设备，还设置了高分辨率对地观测系统，用于观测卫星。据统计，2016 年我们国家实施了 22 次航天发射，绝对属于航天大国。

但是我们确实不是航天强国，为什么呢？我们所有在航天领域的成果，载人航天也好，探月也好，都是跟随西方的脚步。因此，“墨子号”或者量子科学实验卫星的价值就在于创新，因为从原理到成果都是我们自己完成的。说实话，在科学界，“第一”与“第二”有本质的区别。以激光器为例，1960 年美国休斯公司制造出第一台激光器，中国紧跟其后。1961 年 8 月，长春光机所也生产出第一台激光器，但是第二台是鲜少有人问津的。2007 年，“嫦娥一号”卫星搭载的激光高度计发出第一束激光，并接收到第一回波。现在国际上流行激光通信技术，以后空间探测或者空间互联网要用的最主要的技术就是激光通信技术。2000 年，美国发射了一个激光通信卫星，但因为没有能力完成和地面对接，“第一”被欧洲人抢先了。2013 年，美国成功实现了 40 万公里月球激光通信实验，使得整个技术又上了一个台阶，从落后到领先。

第二方面，多年的开放，为科学家的原创提供了条件，为“墨子号”注入了灵魂。“墨子号”如果没有像潘建伟院士这样的科学家从国外回来，没有他的思想是难以成功的。当然，国内也为他提供了比较完备的科研环境与可靠的科研团队。当时进行卫星实验是很不容易的，必须将所有技术问题在地面解决。实验开始前，我们暂定了两个选址，一个是青海湖，另一个是新疆，最后我们选择了青海湖。最难的是，当时本来是在地面实验室做的实验，但现在要到卫星上去做。卫星是运动的，而且飞行速度这么快。怎么办呢？当时我们想在天上找一个动的东西，最早想到飞机，后来认为不太可能。我们又考虑能不能用热气球做，这是很土的办法，但是成功了。最后，团队用热气球模拟卫星，用卡车模拟地面基站，终于在地面证明了星地对接的可行性。

第三方面，多学科融合交叉，强强联合，是量子卫星在空间光电技术上的主要进步。不像从前的基础研究，卫星发射是一个系统工程，比如卫星发射、卫星平台的装载、天地对接等，这些程序都是环环相扣的。最难的就是所谓天地对接。一颗卫星从地面发射以后，如果地面站识别不到这个卫星，后面的进程就难以继续了。因此，一开始潘院士压力很大，若是实验完不成，我们将要面对很大的国际压力，这时候也考虑到了要引进技术。这一实验确实很困难，而且是很前沿的，但在军事上有很大的意义和价值。所以，当时没有考虑美国公司，而是去欧洲咨询了几家公司，由于技术、资金、国际关系等一系列原因，他们拒绝了我们的请求。于是，我们就决定靠自己的力量实现天地对接。天地对接就好比是飞到万米高空，向下面两个装在一辆移动车子上的储蓄罐扔硬币，要把硬币准确投入，而且方向不能出错，不然投不进去。探测单个光子的灵敏度要达到什么程度呢？我们地面站使用的望远镜，例如直径为 1 米的望远镜，其灵敏度相当于，如果月球上有人、有空气，上面有人划一根火柴都能够发现。所以，在技术上我们还要克服许多难点。这一点，我通过地面大量的实验推算，还是能够验证的。举个例子，关于跟踪、捕获这个问题，首先我就去天文台站讨教，如今的天文观测是怎么实现的。他的回答为我们提供了一个信息：天文台一米多口径的望远镜的开环指向精度大概是角秒。我又去调查卫星的定轨精度最低可以到百米，也就是说误差最多在一百米。得到了以上两个信息，我就确定了大方向。所以，我们通过地面发射激光，照亮一公里到几公里的空间，从而预测卫星经过的范围。中国有个成语叫守株待兔，后来证明这样的方法没错，捕获的概率基本是 100%。

实验完成以后，从应用角度，我们还需要解决以下两个问题：第一，要解决全天使用的问题。因为白天强烈的太阳光干扰太大，所以我们的实验都是在晚上进行的。第二，要增加可用范围。因为地球绕太阳轨道旋转，因此每天能做实验的时间大概是几分钟到十几分钟。要解决这两个问题，唯一的办法是将卫星的轨道提高，这一技术难度很大。因此，在国家重大计划之下，提出了 2030 年的量子重大规划，就是需要我们在卫星上实现这一任务。如今我们已经小有成果，对准的精度原来是一个微弧度，现在它已经做到了 0.5 个微弧度，这精度绝对是世界上最高的。

第四方面，中国的科研组织和管理模式，为“墨子号”的成功发射提供了强有力的保障。潘院士 2003 年提出这个概念，2008 年我们开始了地面的关键技术攻关，一年就完成了地面技术攻关。我们能在那么短的时间攻克难关，真的是要依仗组织上的支持。他们开玩笑地认为现在我们的部分管理比较落后，因为不断地汇报与认证，就会不断产生新问题。但这一点上，我非常感谢我们科学院的领导，他们无条件地信任我们、支持我们。参与实验的单位还不止这些，我们科学院几个最强的实验室的工作都围绕“墨子号”，所以我说潘院士只有回到自己的祖国才能做成这样的实验。

我们研究量子通信的队伍里有 4 个核心的主任设计师，主力都是“80 后”，只有一位是“70 后”的。也算是他们比较幸运，2018 年我们开始研究时，他们正好在读博，做到他们博士毕业的时候，我们正好由卫星研发阶段转到工程应用阶段，他们就接着做。所以，年轻人要完成这一任务也并非那么困难。有一件事令我印象深刻，在我们发射之前，当时中美关系还没那么紧张，美国驻上海领事馆打电话到我们分院，想了解这个量子卫星的情况。他们临走的时候，有个美国人问了句带有挑衅意味的话：“你们这个团队的成员是不是都是从我们美国留学回去的?”恰恰我们这个团队除首席科学家曾留学欧洲外，其他的成员没有一个是留洋回来的。我们都是召集了这几年毕业的博士、硕士，靠一帮年轻人完成的。所以，尖端的东西，实际上离你们也并没有那么遥远。

对于中国式的科技创新，我当时也总结了几条：第一，我们觉得原创的科学思想是灵魂。没有原创的思想、原始的创新就没有这样的成果。第二，管理层的快速决策、资源保障是不可缺少的。而对于科学领域，要想让什么事情做不成，就不断地论证，科学家不断提出质疑，来说明这个事情有风险。但当时我们中国科学院就决定要做，有问题后面再说。第三，兵团式的多团队联合。这样的事情，不是你一个人能够做成的，一定是各部门联合才能完成一项工程。第四，科学团队和工程团队的交叉融合，两个思维不同的团队一加一大于二。我是搞工程的，科学家脑子很快，今天一个想法，明天一个想法，而工程方面确定下来就不可能改变，一旦改变，就可能影响全局。但是我们这两个团队配合得非常好，工程结束以后，我们的团队在科学研究方面的能力也大大提高。以前我们这个团队最头疼的事就是我们写不出论文，而他们论文一篇又一篇，和他们合作之后，我们也写得出论文了。

除上面总结的四点外，从长远发展来说还有四方面需要注意：第一，长期支持，有所为有所不为。中国资源是有限的，所以国家要把优秀的项目做大，做得更强，对我们这个项目方向需要持续地支持。现在国家也确实是这样实施的，我们现在除了在建国家实验室，还有一个 2013 国家科技重大专项，其中有专门支持“墨子号”的项目。第二，要有宽容失败的文化，确保创新。实际上，这一点是最难做到的。所有的领导都这么说，科学研究要允许失败，但是如果当时“墨子号”没有发射成功会怎么样呢？你再继续申请完成这个项目其实是不太可能的。当然作为一个民族的科学来说，宽容失败的文化还是非常重要的。现在我们国家天文台的台长当年就做过这样的事情，当时航天领域的管理十分严格，但他可能发现一些问题，把问题解决以后就不汇报了，结果被查出来。我们科学院要严格处理这个人，永远不许参加航天工作之类的，但科学院领导还是比较人性化的，他觉得这么一个科学家不能因为这一件事情而埋没。他们做了很多检讨，但还是一直支持他做下去，所以他后来做下去，当了天文台台长。第三，多元化评价体系。不同的人有不同的评价体系，实现人才互补。第四，在破坏性创新中发展高技术，才能从跟踪到引领。量子物理，首先它是一个系统性工程，是一种国家行为，是高科技的比拼，一定是通过创新合作的。比如，美国的“阿波罗”，我们的载人航天、量子卫星。也就是说，我们刚刚说的这些年轻的科学家，他们 2007 年、2008 年到我这里来做研究生，如果毕业以后选择了出国，比较聪明的，可能在那边马上站住脚，也可以担任助理教授，五年以后他就可以作为人才被引进回国。但是，如果他们留在国内，这些年轻人，我们当时要把他们破格提一个教授，提一个研究员，十分不容易。比如，我一个得力的学生非常大度，他后来为了给我省麻烦就没有申请。但如果他是作为人才引进的话，就能被评为教授，还能分配房子。但从更长远的角度看，一辈子能参加这么一个重大的项目，你到老的时候，都能感叹自己的精彩人生。所以，从这方面看，现在我们这些工程中有一帮年轻人还是很有追求的。

最后，分享一下我对科研的体会，在科研中，“准备”和“坚持”尤为重要。关于“准备”，我总结了五点经验。大家都说机遇是留给有准备的人的，有时候机遇突然来了，你无法抓住也是枉然。所以，首先，有准备，就是要保持一种长期性，你如果只能看到眼前的一两天而去准备是没用的。可能我们考试时，临考抱佛脚还是有点作用，但真正做科研的时候，必须有长期的积累。

所以，回顾人生的历程，1970 年到 1975 年，“文化大革命”的时候，我是在宁波第十一中学上的初高中。1975 年到 1977 年，我在宁波新华书店当了两年营业员。那时，心里总会有一种不甘，希望能有机会再上学。很巧的是，1977 年高考重新恢复。当时很多人建议我留下来工作，我父母还比较开明，他们尊重我的想法，所以我就去参加了高考。考场是在现在的宁波中学。当时因为原来工作薪水也比较高，我觉得一定要考个好学校，受陈景润的影响，我填报了浙江大学应用数学系，没想到收到的录取通知书是杭州大学物理系。当时考虑了很久，但因为我还比较喜欢物理，所以我就去了杭大。这也让我懂得，内心有坚定的信念，才能实现自己的目标。因为在准备考试时，我们在乡下的同学回来就专心致志复习功课，但我要兼顾学习与工作。由于在心理上对念书有强烈的渴望，所以我才能够如愿考上大学。大学毕业以后考研，第一次我并没有成功，这才有机会让我到宁波师范学院工作。两年多以后，学校里面很希望能留住年轻教师，所以原则上是不太希望我们去考研的，但是我就考了。“二战”考研，我终于成了中国科学院上海技术物理研究所光电技术专业的一名硕士研究生。

当时，我的导师是信息学院的院长，他带我们研究空间的光电探测技术。之后，我又跟着潘建伟院士去研究量子，这两个方向并没关系。去年做完量子通信研究以后，我还担任了引力波“太极一号”卫星总工程师。这三个专业之间的差距其实很远，但是我都能胜任。因此，我认为，有准备，是要有知识综合运用能力，就是能把你的知识用来解决各种问题。还在上学时，老师曾说：“如果你以后做的工作都是教科书里面有的，那我劝你就不要做，没有意义，没有创新。”所以，我们做的各种实验，都是用最原始的办法，解决了很难的问题。某种意义上，在科学院当干部的经历也让我收获颇丰，因为当时我是 1990 年博士毕业，1996 年当副所长，2000 年当所长。在科学院当干部，意味着你要付出很多，要为大家服务。但是，对于之后做工程，我认为绝对是有好处的。因为你当过领导的，所以有协调能力，比如说青海湖这种大型实验，你就能想到并且做到把大家组织起来。

第三，有准备，是智商、情商、毅力的综合。这个我现在深有体会，我认为智商决定你能做多少别人不能做的事情，而情商决定有多少人会和你一起做你想做的事情。这么看，情商好像更为重要，因为你需要团结一批人帮你实现目标。最后，毅力决定你能不能把事情做完。比如，有的人在不同的单位间跳来跳去，有很大一部分越跳越差。当时外面的吸引力也比较大的，我有好多学生毕业以后离开团队，之后又想回来，这时候他们就需要从头开始。所以，真正要做好一件事情，智商、情商、毅力缺一不可。

第四，有准备，要抓住一闪而过的灵感。机会有时候是突然降临的，比如，2002 年我们在研究光学相关内容，那时没有激光探测的设备，我们就自己制作。也是这个原因，才有了 2008 年的量子通信项目。量子是非常微弱的激光，而激光探测是强激光，但是物理原理上是一样的。当时我们副院长，给我们提了个建议，能不能和潘建伟合作研究量子。当时，最难解决的是信息的捕获、跟踪问题，我大概花了不到两天的时间，调研了各个地方，判断出以国内的技术是有可能做到的。所以，我又抓住了一个机会。又比如，2018 年，院里叫我负责“太极一号”工程，当时碰到一个困难，我要在很短的时间里作出判断。因此，这些机会都是一闪而过的，一犹豫就会错过。

最后，有准备，还需要有作为团队的决策者在关键时刻的决策能力。包括像前面提到的，中国激光器能不能上天的问题。制造“嫦娥一号”的时候就碰到这个问题，我否定了去日本购买的建议，认为我们根据我所记录的情况，完全有可能自己制造出激光器。但制造激光器的是上海光机所，这就需要两个团队的合作。这个任务还是比较艰难的，因为两个团队需要把自己的成果无条件共享，因此我把两个团队合并成了一个团队，没有在知识产权、成果归属等问题上纠结，我们在很短的时间内就制造出来了。此外，关于量子通信技术能不能在卫星上实现的问题，这里还有一个故事。2016 年发射的量子卫星出厂之前，在基地发现里面一个信标光比平时测量的大概降低了 20%。这个问题那天讨论到早晨三点，最后我拍板决定必须要把这个问题解决。我就这样顶着院长的压力，把问题查清楚了，是激光器的问题。但这个问题不是致命的，同时我发现了一个大问题，就是我们把一台小设备忘在卫星里面，如果当时没有检查出来，后果不堪设想。因此，领导一个团队，关键时候决策的压力都会在你身上，包括我如何保证"太极一号"在短短一年内就能发射。

第二部分我再聊聊什么是坚持，如何能坚持下来。第一个坚持，就是吃苦耐劳精神。科研工作有得也有失，但我还是乐在其中的。大学四年我还是十分努力的，1982 年大学毕业，同时我也考研失败。此后我在宁波师范学院任教。但是，1984 年我又去考研了，很有意思的是考场还在宁波一中。那批考生中，我以专业总分第一进入中国科学院上海技术物理研究所。正是我当时坚持的信念，给我带来了以后的机会。

第二个坚持，就是成功就在坚持一下的一念之间。这是来自老师的教诲。他教导我们，无论做什么事，一定要再坚持一下。所以回顾自己的学习历程，我读了六年硕士、博士，而且当时为了要做得更好，我还推迟了半年毕业。毕业时，我就碰到了一个难题。当时，我有三个选择，第一个是回宁波工作，第二个是出国，最后我选择第三个 —— 留在所里帮老师做项目。

说实话，做科研基本上特别痛苦的时间比快乐的时间多。所以航天领域有个十分形象的比喻：一个航天任务，一开始就想着是把脚贴在一个井下面，一点一点往上爬，等到完成了，你就爬出这个井口了。爬出井口还没看多久，一脚就把你踢到第二个井里面去了，你又得重新爬上来。所以，科学研究并不像想象中那么神秘，而是充满惊喜的，更多时候是在解决不了问题当中度过的。到了最困难的时候，碰到问题了，不干也不行，因为每一道程序都是息息相关的。比如，"嫦娥二号"发射以后，我们也做得非常好，但是没想到在天上运行的过程中坏掉了，这个部分不是我们团队做的，但是我们也得负责。也是因为这个，"嫦娥一号""嫦娥二号"的技术只获过上海市的一个奖。所以，做成一件事，一定有个很痛苦的过程，就好像我们调电路板，一定是要调到恨不得把这东西砸掉，这就标志你快调好了。因此，我们总说"阳光总在风雨之后”，成功往往就在再坚持一下。当年一个做研究的学生，非常聪明，但碰到问题总是知难而退，后面也退出了团队。前段时间，他又想回到我的团队，但是他的损失非常大，必须从零开始。

那么当然还有一种坚持，就是要有宽广的基础知识和深入的专业技术支撑。完成一个工程，需要具有分析问题、解决问题、宏观把控的能力，特别是你是否能在不可思议的情况下完成任务。比如，第一年在青海工作时，因为我当时已经是院领导，也不可能天天待在那里，所以我请学生去完成实验。虽然大家去过青海湖，那里风景很好，但是和你在这个地方待半年完全不是一回事。而他们从夏天一直待到中秋节，实验还没做完。中秋节那一天，他们要把设备从地面运送到山上的一个实验基地去，租了一辆小车。那时，司机为了要早一点回去过节，车开得比较快，结果到山坡上就翻车了，车上有好几个学生。所以那天晚上一打电话，一个男孩子就哭了，他说：“王老师，完蛋了，我们翻车了。”我第一句话问人有没有事，他说：“王老师，我的两个师弟都比较机灵，因为这个车还是比较低的，稍微有点侧翻的时候，他们就自己跳出来，所以人都没事。”我还安慰他们，只要人没事就好，不要难受，今年已经取得了很多成绩，让他们早点儿回来。那么，我想他们大概过两天就回来了。过了两天，我还挺着急的，结果他说：“王老师，我们讨论，如果你能给我们派几个人，那么需要带哪些设备呢？实验设备被摔成四瓣，但我们有决心在这里把设备修好。”我当时听了非常感动。由于这个实验室的条件和外界的差距，首先我是有些怀疑的，但我很快打消了这个念头，坚定地支持他们，并且立马派送设备。

结果又过了一个月，他们不但把仪器修好，甚至完成了那一年的全部研究。所以这一个坚持，它需要分析问题、解决问题，特别是在工作实际上的完成能力。这个学生没有辜负我的信任，首先他第二天回去，不是一看设备摔坏了就不干了，而是评估摔坏的程度能不能修好，他的结论是有可能修好。他的决定不是盲目的，而是经过综合考量的。所以，我认为这就体现了一个人的综合素质。

再一个坚持就是细节决定成败。举几个例子，比如说我们常提到报告会有一次大系统演示，演示中是不能出一点差错的。结果，我们的激光探测器，有一个工序没有检测到信号，我听到这个消息不敢置信，而且那个时候已经发射在即了。所以，我跟师弟就过去检查，我们分析设备是没问题的，是我们派出的人在某一个设备操作上的问题。接着，我们就做了很多分析报告，解释这是操作上的问题。经过他们同意，我们又检测了一次，证明确实是这个问题。所以，如果细节上出现问题，整个系统的运作都会产生问题。而且一旦出现问题，我们有一个措施叫归零。什么叫归零呢？就是你这里出现了问题，首先你要告诉我为什么，分析原理是什么。同时，一定要让这个问题完完整整地浮现出来，然后再通过实验去验证它，要保证修改完以后问题不会再出现。除此之外，还要举一反三，分析其他方面会不会出现类似的问题。曾经就发生过这样的情况，一个设备在家里都是正常运行的，送往大型实验室之后，设备的数据就出现传出错误。当时的情况很紧急，因为人家都要出厂了，后来通过归零才发现出现了一个非常非常偶然的情况。因为实验室做的电缆和我家里做的电缆是不同的两套，实验室系统里面电缆做得比较短，恰恰满足驻波形成的条件。这一实例后来变成了教科书上一个典型的案例。类似的情况还有，我们在青海做实验时，设备在宾馆里面都是正常运作的，但将设备安装到外面的光学系统中就有问题，后来才发现是对温度因素考虑不够，青海湖晚上的温度比较低。所以，我们说真正评价一个人科研的水平，就是看能不能发现细节中的问题并将它解决掉。

完成一件事情，团队很重要。我们在青海湖畔开展过一个非常艰难的远距离量子通信实验，它没有先例可循。我们的实验可能 99 次成功，但唯一的那次失败，可能恰恰发生在航天过程中。但是，当我们做实验时，有时候看到天上最亮的一颗星，心里还是非常激动，因为那是我们发射的激光。所以，我觉得少年的理想总是非常美好的，但是人生的轨迹一般是充满变数和曲折，不会一帆风顺。只要你怀着一颗平常之心，坚持心中的信念，朝着你向往的目标慢慢前行，充分享受过程中得到的乐趣，一定会有成功的一天。

“墨子号”这次只是开始，中国科技正在从跟踪向引领跨越，中华民族将对人类科技发展作出应有的贡献。

石智勇

中共党员，中国男子举重运动员，国际级运动健将，两届奥运冠军，全国五一劳动奖章获得者，中国国家举重队成员，宁波大学体育学院 2019 级硕士研究生。

2015 年获得世界举重锦标赛冠军。2016 年被国家体育总局授予“国际级运动健将”称号。2016 年夺得里约奥运会举重男子 69 公斤级金牌，被中华全国总工会授予“全国五一劳动奖章”，包揽举重世界杯男子 73 公斤级冠军。2019 年获得亚洲举重锦标赛男子 73 公斤级冠军。2021 年获得亚洲举重锦标赛暨东京奥运会资格赛男子 73 公斤级冠军。2021 年夺得 2020 年东京奥运会举重男子 73 公斤级金牌，并打破世界纪录。

梦想的力量

石智勇

◎ 2021年10月18日，第215讲

大家好，我是石智勇，是宁波大学的一名学生，很高兴能在这里和大家交流学习。我是一名运动员，今天主要分享我的奥运之路。

每一条通往成功的道路都不是一帆风顺的，需要付出比常人更多的努力。

2020年，突如其来的新冠肺炎疫情对我们的生活节奏造成严重干扰，亦对我备战东京奥运会的计划造成了不小的冲击。作为一名举重运动员，伤病一直是我备战周期中最大的挑战。东京奥运会延期一年，意味着我要和伤病多斗争一年。加之疫情的全球影响，国内外各大赛事相继取消，比赛刺激的缺乏使我的竞技水平难以提升。不仅是我，众多运动员也面临着相似的考验。所以，我静下心来，利用这段时间努力训练，力求在技术动作的细节上实现更精细的打磨与提升。

2021年6月，我顺利入选东京奥运会国家举重队项目的正式参赛名单。当时我信心满满。然而，在6月23日的一堂训练课上，我意外地拉伤了大腿后群肌肉。当时，队医立即为我进行冰敷，可能我由于兴奋度较高，并未觉得特别疼痛。但到了晚上，我发现情况不对劲，上下楼梯都变得十分困难。队医表示，一周内我可能就会有明显的恢复或好转，因此我的心态尚且乐观。然而，休息几天后身体并未好转，我心里开始有些着急。一周后，我连90公斤的杠铃都不敢举，无法继续正常训练，只能进行一些体能和上肢力量的练习。过了几天，疼痛依然明显，但我咬牙坚持，勉强开始了训练，却在尝试200公斤硬拉时再次拉伤，这使我心情很沉重，心态也受到了很大影响。

那几天正值队里举办了一场奥运会模拟赛，总局的几位领导亲临现场观摩比赛。当时，我们已经确定了8名参赛选手，其中7人都上台完成了举重，唯独我因伤未能上台。局长看到我后，也给我鼓劲，对我充满了信心。虽然当时我的夺冠概率比较高，但无法完成正常训练使我心里非常着急。

时间紧迫，距离东京奥运会只剩下不到一个月的时间，伤势恢复的速度依然缓慢。当时我的睡眠不好，体重也下降了，队医建议我做一个全面检查。检查结果虽然没有严重问题，但拉伤迹象仍然明显。当晚，队里就是否给我打封闭针的问题讨论了数小时，因为打封闭针可能存在第三次拉伤的风险。最后在另一位医学专家的建议下，我们选择了保守治疗。

到7月6日时，我已经能够抓握60公斤的杠铃了。教练和队医分析认为，只要最后两周练得好，就有机会拿到不错的成绩。于是我坚持每天训练，但抓举和挺举的重量很难提升，基本上只能举100公斤左右，深蹲可以举起200公斤，拉力只恢复到130~150公斤之间，这距离我6月23日能举起170公斤的状态还差得很远。在大家的半“哄”半“忽悠”下，我艰难地熬到了7月10日，情况却愈演愈烈——之前的伤势加上训练时受力不均导致腰伤复发，指关节也出现了问题，难以抓握。最后我们不得不再次商量对策，决定尝试最快的方法——打封闭针，因为除此之外我没有别的选择。在队医的精心治疗下，我的腰伤和手伤得到一定控制，但是大腿后群肌肉还是没有明显好转，不能随便上强度。此时腰上已经打了三针封闭，如果再给后群肌肉打封闭会使我的各项机能下降得很厉害，即便恢复了，我也没办法再举重和训练。

为了能够登上赛场，我按照专家所说的治疗方案，继续放松深层肌肉。7月14日，队医突然告诉我，后群肌肉的张力降下来了，可以进行针灸治疗了。我记得很清楚，针灸时肌肉会抽筋，果然第二天就有了较大好转。但7月正值夏日，气候炎热，开空调导致了感冒，加上情绪紧张，我整个人的状态都不好。直到我夺冠后，才从队医的妻子处得知，当时队医比我还紧张，每天都很焦虑，因为我的后群肌肉拉伤比较严重，怕我压力太大才没敢告诉我。

进入奥运村以后我的身体明显好转，7 月 22 日，我的挺举成绩终于回到了 160 公斤。我本想直接练到比赛，第二天却被教练强行要求休息。教练说，虽然训练强度不大，但我已经连续训练了大约 18 天，即便身体吃得消，也要保持充足的精神。7 月 25 日，我的后群肌肉已经恢复得差不多了，挺举已能达到 180 公斤，这使我信心倍增。

比赛前一天，大多数举重运动员还要面临另一个关键问题——体重管理。一般来说，我们会通过蒸两组 30 分钟的桑拿来减重和减水分，而且进去就不能轻易出来，如果减重不够，还要再进去蒸 30 分钟。所以 7 月 27 日是我最累的一天，我蒸了一个小时的桑拿，体重下降了近一公斤。按照我们赛前制订的训练计划，当时我的状态还不错，于是我告诉教练，如果有机会，我想冲一次世界纪录。

天道酬勤！7 月 28 日，我终于走上了奥运会的赛场，并以抓举 166 公斤、挺举 198 公斤、总重量 364 公斤的成绩拿到了冠军，并成功打破世界纪录。

成功的路上少不了披荆斩棘。虽然在奥运会之前，我就对打破世界纪录很有信心，但受伤使中间的过程变得十分坎坷与煎熬。直到我站上领奖台的那一刻，回首漫长的奥运征程，内心感慨万千。在此，我想分享一些心得体会，希望与各位共勉。

我想和大家分享的第一句话是：人一定要有梦想。每个人都应该有梦想，要抬头仰望天空。对于竞技体育人而言，站上奥运会的最高领奖台就是最大的梦想。我很幸运实现了我的奥运梦，但过程并非一蹴而就。每一个朝着目标不断努力的日子，每一个不放弃追梦的时刻，都构成了我灿烂而美好的人生。

我刚开始练举重的时候只有 10 岁。我出生在举重之乡桂林五通镇。这里出过很多世界冠军。在我之前，唐林生也是我们这个镇里走出来的奥运冠军，此外还有一个奥运会季军和三个世界级比赛的冠军。因此，五通镇练举重的人特别多，促使我也选择了这条道路。2005 年，12 岁的我就跟着教练来到了宁波体校。当时家里条件不是特别好，我一个人从桂林火车站背着麻袋就去了，大概坐了 26 个小时的火车才到宁波。到了体校，看到墙上布满了世界冠军的头像，我第一次萌生了要成为“世界冠军”的念头。有了目标就要有行动，从此以后我每天刻苦训练，认真完成教练要求的技术动作。他对我的要求十分严格，大多数队员都完成了训练后，还会额外安排半个小时对我进行单独训练。得益于他的培养，我进步飞快。2008 年，我进入省队，并在 2011 年以陪练的身份进入国家队，第一次见到了真正的冠军。我内心的梦想再次升级，我也想参加奥运会，我也想成为奥运冠军！

而正当我信心满满的时候，现实却给我浇了一盆冷水。2013 年，我有机会冲击全运会冠军，但表现并未达到预期水平，只获得第五名。那时候，我觉得第五名与冠军之间是天壤之别，奥运会好像离我挺远的。但当时我的偶像、我们学院的副院长、奥运举重冠军占旭刚跟我分析了我失败的原因和制订了下一步的计划，让我重拾了圆梦奥运的信心。到了年底，在占老师的牵头下，国家男子举重队浙江组成立，我作为备战队员来到鄞江重竞技训练基地。在专业团队的培养下，在第二年全国锦标赛上，我获得了 69 公斤级冠军，这是我人生中的第一个全国冠军。从那以后，我陆续收获了首个亚锦赛冠军、世锦赛冠军和奥运会冠军等荣誉。

我想和大家分享的第二句话是：机会总是留给有准备的人。不心存侥幸，是一个人最难得的品质之一。做好当下的每一次准备是对自己的未来负责。

一直以来，男子 69 公斤级是我国奥运会参赛的优势级别，高手如云。2016 年，在江山市举行的全国男子举重锦标赛暨里约奥运会选拔赛十分重要，总成绩要达到 350 公斤才有奥运会参赛资格。还有两位前辈也参加了比赛，分别是 2008 年北京奥运会冠军廖辉和 2012 年伦敦奥运会冠军林清峰，其中廖辉更是三项世界纪录的保持者。俗话说：“光脚的不怕穿鞋的。”最终，我发挥出自己的最好水平，我和廖辉分别以 352 公斤和 354 公斤的成绩达到参赛标准。这 2 公斤之差让我以为自己将无缘奥运，内心非常失落。但只要在国家队一天，备战奥运会就是运动员的责任和使命，我要做的唯一事情就是努力训练、提升水平。由于廖辉在一场训练课中受伤，第二名的我替补他，代表 69 公斤级参加里约奥运会。于是在 2016 年的夏天，我实现了奥运冠军梦。虽然背后存在幸运的因素，但更多是努力训练的结果，只有越努力才会越幸运。

我想和大家分享的第三句话是：学会感恩，懂得珍惜。这一路走来，有汗水、有泪水、有欢笑，也有悲伤。在遇到挫折时，团队的保障、无数人的关心和支持使我坚定不移地迎难而上，挑战自己、挑战极限，并最终实现了梦想。在奥运会场，当五星红旗高高飘扬，当《义勇军进行曲》奏响的那一刻，我真心地为我的团队感到骄傲，为我的国家感到自豪。

在这几年的备战周期里，“梦想”是我跟教练沟通时提及最多的两个字。无论是2019年世界锦标赛和举重世界杯，还是2020年队内测试赛、全国举重选拔赛和亚洲锦标赛以及奥运会，抑或是2021年的全运会，每一次比赛我都会跟教练说：“无论练得如何，我都会秉持梦想，保持奋斗的激情，而非简单地拿个冠军。”我希望有一次破纪录的机会给自己树立信心，只有围绕这个纪录追赶，训练才会更有劲。最后我也如愿以偿，举重之路走得更远。

2018年6月，我从北京体育大学本科毕业后，想进一步学习与运动训练相关的知识。作为国家举重队的现役运动员，将举重技术理论化，从而让我国举重事业“百尺竿头更进一步”，这尤为重要。机缘巧合下，我有幸结识了生物力学领域的专家李建设教授和顾耀东教授，在与他们的深入交流中，加强了我想要通过系统学习让举重技术理论化、大众化的决心。更重要的是，作为一名宁波人，我想在宁波大学读书。2020年5月，我们国家举重队转战宁波，进行为期一个月的封闭训练。体育学院的领导和老师们针对我的特殊情况，决定亲自上门授课，这使我再次感受到来自宁波大学的关心。白天训练，晚上学习。我努力将所学知识融会贯通到第二天的训练任务中。同时，在与所有的导师、师兄和师姐的交流中，我认识到生物力学在举重研究与应用中的重要性，这也成为我研究生阶段的研究方向。在2020年东京奥运会参赛期间，我得知宁波大学体育学院成功申报了体育学一级学科博士点。欣喜之余，我再次下定决心，希望争取在宁波大学继续深造，攻读博士学位。

各位领导、老师、同学，梦想是我们心中的一盏明灯，指引我们前行。最后，希望我们大家一起仰望星空、脚踏实地、努力拼搏，在平凡的岗位上创造不平凡的成绩，实现自己的人生梦想。我的分享到此结束，谢谢大家。

汪 顺

浙江宁波人，中共党员，宁波大学体育学院 2023 级体育学博士研究生，中国国家游泳队队员。2016 年国际泳联短池游泳世锦赛男子 200 米混合泳冠军，中国男子混合泳首个世界冠军，东京奥运会男子 200 米混合泳冠军，中华人民共和国第十四届运动会男子 200 米个人混合泳冠军等，全运会历史上拿到金牌最多的游泳选手，200 米混合泳全国纪录保持者、亚洲纪录保持者。2021 年“中国十佳运动员”“年度最佳体育精神奖”获得者，第 26 届中国青年五四奖章获得者。中国共产党第二十次全国代表大会代表。

波浪中的坚韧——我与宁大“相映成双”的奋进之路

汪　顺

◎ 2023 年 10 月 25 日，第 226 讲

尊敬的各位老师、同学们，大家好，我是汪顺。今天我很高兴能够在浙江省第十六届大学生运动会的开幕之际，回到美丽的宁波大学，跟各位老师、同学们分享一下我自己的一些经历。

在我走上讲台之前，我的导师在后面跟我聊了很多。他跟我说：“汪顺，今天你的身份可是既普通又特殊的。”当时我还没有理解这句话是什么意思，这难道不是一次普通的演讲？和之前的演讲并没有什么差别吧？但是当我走上讲台后，站在这里，触碰到在座的老师和同学们的目光之后，我明白了这次演讲的特殊性。校园的讲堂、课堂不是奥运会的演讲台，带给我更多的是一些紧张感和责任感。面前的话筒也不再是媒体记者朋友们准备好了的话筒，我的发言也不是准备好了的一些回答，我需要重新审视自己、思考自己、讲述自己。所以，现在请允许我重新自我介绍一下：大家好，我是宁波大学 2023 级体育学博士研究生汪顺——一名土生土长的宁波人、新宁大人、中国国家游泳队队员。我在今天的演讲中要讲述的不仅仅是一个运动员的故事、一个奥运冠军的故事，还是一个宁波孩子、一名宁大人的故事。希望可以让在座的各位认识到一个跟在手机、电视上不一样的我。

在讲述我的宁大故事之前，我相信大家都在新闻媒体上了解过我，或者对

我有一些好奇。我本科就读于上海交通大学，硕士就读于北京体育大学，为什么我会选择在宁大攻读博士？作为专业运动员，虽然我平时上网冲浪的机会不多，但也知道网络上关于我来宁大攻读博士学位这件事有比较多的讨论。所以今天请允许我用一个大学生的身份来回答一下这些大家比较关心和好奇的问题，这个回答可能有点长，但是我保证它一定是我的真心话，希望这个真心话能够解答大家的一些疑问。同时，我没有在其他场合吐露过这些真心话，我想把这些真心话的"第一次"留给宁大的老师和同学们。

6岁时，我就被教练选中，开始了游泳生涯。其实被选中的原因很简单，选拔的初步阶段是根据身体形态进行的。当时我在同班同学里面，身高比较高，臂长伸展开来会比我的身高长出2厘米，就是因为这个契机，我第一次接触了游泳。同时也因为我的水感比较好，在学习了两堂课之后，我就基本掌握了各个泳姿的一些关键要领，在同批次的队友中算是一个"小学霸"。当时大家也说我是个好苗子，非常有潜力。从那时候起，我开始感觉我好像可以不用很努力，靠天赋和思考就可以取得非常好的成绩。之后我又进入了宁波少体校，接着到了浙江省的省队，最后到了国家游泳队。我在水中和自己较量，和对手较量，也和水较量，一帆风顺地发挥自己的天赋，兑现自己的诺言。

12年前的2010年广州亚运会，是我参加的第一次亚运会。其实那次亚运会，我并没有奢望能取得很好的成绩，但没想到最后的成绩还是相当不错的，在与当时能力非常强劲、成绩非常好的日本选手的竞争中，夺得了一枚宝贵的银牌。之后的两年，我又参加了许多大大小小的国内、国际赛事。在2011年的时候，我拿到了400米个人混合泳的全国冠军，并且打破了当时的亚洲纪录，那时，我认为自己可以毫无疑问地拿到2012年伦敦奥运会的参赛资格。但是，在更高的竞技舞台上，我的对手越来越强，竞争也越来越激烈。我经历过辉煌的时候，也经历过低谷，起起伏伏，经历的事情越来越多。在备战伦敦奥运会时，我的肩膀受伤了，我却没有重视它，这导致我止步于预赛，无缘决赛。虽然我的伤病痊愈了，但这次"滑铁卢"意味着我在最好的、最需要赢的时期，错过了一次宝贵的机会，我的思想因此发生了很大的变化。在2013年的赛季中，我在全国比赛上再次获得金牌并刷新了全国纪录，但是我意识到，在国际赛场上，我不再是那个在训练中只要花 90% 或者 95% 的精力就可以获得金牌的天之骄子了。虽然在内心中我认为我可以游得更快，但现实却不止一次地告诉我：我做不到。更可怕的是，我不知道自己为什么做不到。

在 2014 年的仁川亚运会，也是我参加的第二次亚运会上，我只获得了一枚铜牌，这是我参加过的所有亚运会中拿到的成绩最低的奖牌。我清楚地记得当时我的成绩是 1 分 59 秒 10，这个成绩跟我现在的个人最好成绩 1 分 54 秒 62 差了 5 秒左右。而对手的成绩对于我来说已经是一个遥不可及的梦想，获得仁川亚运会男子 200 米个人混合泳冠军的是日本选手萩野公介，他的成绩是 1 分 55 秒 10，同时打破了当时的亚洲纪录，我的成绩跟他的差了 4 秒之多。大家对这 4 秒可能没有什么概念，但是在泳池里这有七八米的距离，非常非常远。在那一刻，我觉得可能这一辈子，我都无法达到那个层次。好在我并不是孤军奋战，在那个困难的时期，我的教练一直鼓舞着我，告诉我：如果不坚持，我可能会永远止步于此，从此成为一个平淡、平凡的人，这么多年的辛勤付出，也将付之东流，最后慢慢被泳坛所遗忘。同时，他也告诉我，如果我能咬牙挺过这个关卡，那么我一定能够再次站上最高的领奖台。于是，这枚铜牌激励我开始从低谷向前、向上冲锋。现在回想起来，那些年的低谷也并不是在浪费时间，那都是我经历的磨难，它们磨炼了我的心境、能力和技术。从第一步出发，每一步都是进步，之后碰到的问题，也都不是什么大问题了。

2016 年的里约奥运会给了我极大的鼓舞，但其实在赛前，我不管怎么算都是站不上领奖台的。为什么这么说？因为在赛场上，不仅有当时的游泳名将菲尔普斯、世界纪录保持者罗切特，还有日本选手萩野公介（当时亚洲纪录的保持者）。在第一天的比赛中，萩野公介拿到了 400 米个人混合泳的奥运会金牌。在这样的强敌面前，我的内心是比较灰心的，觉得比完半决赛，我就已经完成了所有的使命，就算进入了决赛，领奖台跟我也是没有一点关系的，我要做的，仅仅是全力以赴。但我又是极不甘心的，来到这里，就是要拼尽全力，力创佳绩，最后的成绩一定不会辜负全力以赴的人。功夫不负有心人，我站上了领奖台，获得了一枚宝贵的铜牌。其实在结束比赛的那一瞬间，我并不知道自己游出了三年以来最好的成绩，获得了铜牌。我当时脑子里都是在想：唉，我完成了这个比赛，总算是结束了，把比赛比完了就好。我当时趴在水线上，旁边的这位日本选手，萩野公介，他非常兴奋、开心地使劲拍打我，我很不理解，我想：为什么？我知道你肯定是有这个成绩和实力站上领奖台，但是不管你开心不开心，为什么来拍打我？他示意我回头，当我回过头，看到屏幕上成绩的一瞬间就明白了，我重新回到了领奖台。

在2018年的雅加达亚运会上，我打败了年纪相同的两名日本对手，获得了人生中的第一枚亚运会金牌。重新拿到金牌、重新站上国际赛事的冠军领奖台、重新被中国泳迷寄予厚望，我当时觉得自己应该是否极泰来了。接着是2019年的光州世锦赛，这场世锦赛是在2020年东京奥运会到来之前，对于所有游泳运动员来说最重要的一场国际赛事，因为这一场比赛可以很大程度地预示运动员在明年的东京奥运会上的表现，也正因如此，这是我非常不愿意面对的一场比赛。这场混合赛的第一名选手，日本的濑户大也，并没有领先后面几名选手太多，他当时的成绩稍慢于我的最好成绩，所以如果我能够做到最好，就有机会获得这枚金牌。但是，往往正是在这样看似十拿九稳的场面，反而可能会出现各种情况。在之后的日子里，我非常痛苦地跟自己只能获得第六名的现实作斗争。网上也开始有一些舆论，说我是在世锦赛上只能拿到铜牌的一名男运动员，大家也会“亲切”地称呼我为“铜男”，而令我自己感到痛苦的是，当时我最好的成绩在这里也只能排到第三名。作为一名运动员，我当然想要拿到银牌，甚至是金牌，目标一定是站上最高领奖台。而且在光州世锦赛的赛前，我所有的训练、备战以及状态都是非常好的。但是事与愿违，我还是丢失了这个机会，大家也跟我讲：“展望明年，你去东京奥运会的机会是不是也非常渺茫？”

其实强如奥运冠军也会有低谷，也会有挫折，所以大家在碰到困难的时候，要勇敢去面对。我非常喜欢我们队教练告诉我的一句话，今天想跟大家分享一下：“优秀的人很多，但是卓越的人很少。”在光州世锦赛上，我的成绩并不好，那么，我是如何在2019年到2020年备战东京奥运会期间取得这么大的进步的？我想，这些都离不开我们平时的努力。举个例子，在2020年的3月份，当得知国际奥委会宣布了延期举办东京奥运会的消息，我的队友们的心情是：奥运会延迟的这一年里，我们是不是可以缓下脚步来慢慢做准备？现在是不是可以放松一下自己，不用再去想有关游泳的事情？但是我的心态是：我可以有更多的时间去磨炼，去做一些我自己平时没有做到的事情，去提升我的技术、精进我的细节、攻克我的薄弱和不足之处。

按照奥运会的赛程安排，除了决赛是在早上进行的，其他的所有比赛全部都是在晚上进行的。当时为了配合一些直播的放送形式，比赛安排在早上进行。通常我在早上预赛阶段的状态是非常不好的，都是在第十五六名左右擦边进入晚上的半决赛。所以，如何调整状态，在早上把我最好的状态发挥出来，成了我这一年最大的一个难题，经过和教练团队、医疗团队的沟通，我们决定用科学的方法去解决这个难题。在每天上午训练之前，我提早半个小时就到达训练场地，比如8点钟训练，那我7点半就到达训练场地，进行一些我以前从来不做的热身训练。我在出门之前，我的队友们还躺在床上，他们看着我说："奥运会还有一年，你为什么这么早就这么专注地训练？"当时我没有理睬他们。通过这件事可以看出我的目标是非常明确的，但是我的队友他们觉得时间还很多，觉得无所谓，就只是躺在那里。所以说，每个人的想法不同，最后得到的结果也不同。正因如此，我在27岁的时候第一次得到了奥运会金牌。27岁是中国游泳运动员夺得奥运冠军的最大年纪，我在打破亚洲纪录的同时，还打破了欧美选手长达17年的垄断，以10分55秒00的成绩获得了金牌。

在到达奥运会赛场的时候，可以看到有个领奖台，大家都会争先恐后地去那个地方合影，但是在东京奥运会我并没有这么做。我也不知道为什么，可能是冥冥之中，我有一种感觉和自信，我一定会站到领奖台上面，包括我出场的时候，我的目光有一瞬间落到了对面的领奖台。比赛后，我一直坐在水线上庆祝，关于这个行为大家可能会有一点小疑问，是不是我在前一天晚上设计过我夺冠之后的一些动作？确实，我设计过，我设计过七套动作，但是没有一个用上的，因为比赛结束之后的动作全都发自内心、一气呵成。

当然，所有追求梦想的道路，无论是竞技体育还是学习科研都是一样的，永远都不可能一帆风顺。在科研方面，大家也会遇到数据不理想、研究对象不稳定、细节不到位等各种情况，目标的实现需要无数个日月的努力奋斗和积累，并且一定会伴随着失望、迷茫，甚至自我怀疑。但是只要坚持下去，所有的辛苦都不会白费，一切的挫折都是通往胜利的阶梯。我也是从一个不会游泳的旱鸭子变成游泳奥运冠军的，这是我和我的教练团队以及整个国家运动队多年来共同努力坚持的结果。

在我的背后，除党和国家的大力支持外，一定也少不了宁波大学科研团队的帮助。同学们可能觉得这是套话，但是就从我一路走来的经历来说，我之所以要选择宁波大学来攻读我的博士学位、提升我的见识，是因为我觉得在训练中遇到的很多瓶颈和困难，都需要我站在不同角度、立场上去思考。我想要在专业竞技道路上实现突破，需要借助现代的、科学的手段，以及科研的、多角度的方法。这次宁波大学体育学院团队研发的竞技游泳目标识别与解析系统，详细地帮我分析了水下运动姿态和技术动作细节，使我更好地维持状态、进一步精进技术。

东京奥运会夺冠之后，我顺利地从北京体育大学毕业，拿到了硕士学位。在外界看来，这时我算是一个可以功成身退的人生赢家了，然而我却做出了一个出乎大家预料的决定，那就是回到我的家乡，来到宁波大学继续求学，攻读体育学博士学位。来宁大求学绝对是我人生中做的最重要的决定，也是我重新出发的起点。我和宁大的双向奔赴主要有两个原因。首先，在学习宁大校史的过程中，宁大的发展之路令我产生了深深的共鸣，包玉刚先生投资资助、邓小平同志题写校名、五校对口援建和我游泳之路的开端一样，都带着一些天赋，但是宁波大学从奠基到第一次入选国家“双一流”建设高校这一路走来，并不是毫无阻拦、一马平川的，而是一代代宁大人前赴后继、克服困难、努力奋斗的结果。这份优秀和强大来之不易，所以这份共鸣使我下定决心成为一名新宁大人。我出生于宁波，在前进的道路上、在困难和竞争中保持坚韧，在波浪中前行，和宁大走出两条相映成双的奋进之路。第二个原因是作为一名运动员，我骨子里拥有着运动员的争强好胜，但是争强好胜的另一面是对优秀者充满尊敬，因为我知道要成为一个强大的人是非常不容易的。俗话说："拳怕少壮，棍怕老郎。"没有人可以战胜自然规律，再优秀的运动员也不能抵抗岁月的侵蚀，菲尔普斯非常强大，但是因为我们比他更年轻，把他熬走了。但是，顶尖高校之间的竞争不是奥运会赛场，想靠"熬"在高校之间的竞争中取得优势，对于宁波大学来说是不太可能的。我选择宁大，也是我们双向奔赴的结果。

杭州亚运会是继我参加完福冈世锦赛之后，一个多月的时间内就要参加的比赛。关心游泳、关心我的朋友可能会从网上知道，其实在福冈世锦赛上我的成绩并不是特别好，我的成绩是 1 分 57 秒 90，止步于半决赛。那么，我是如何在这一个月之内恢复成绩的同时提升了自己，让自己最好的状态提升了 3 秒之多的？我想，这其中肯定有非常多的付出和坚持。我在这段时间内听到最多的话就是："汪顺可能真的不行了！""汪顺可能真的老了！""29 岁了，竞技体育毕竟是青春饭，是年轻人的项目，到这个年纪了，其实没有什么竞争力了。"…… 这些言论很容易扰人心神，所以我当时首先做的就是删掉了我所有的社交软件，不去看这些东西，我觉得这些言论会对我的现实生活以及备战产生非常大的影响。当时也有人说，让我趁着这个时间多去做一些其他的事情，比如，多去接一些代言，或者参加一些综艺节目。但是对于我来说，我的心还是在泳池里，我只有在泳池里才能够感受到快乐。我觉得如果让我每天都躺在家里的话，我会非常难受，我宁可躺在游泳池里，因为那会让我感觉到非常平静。所谓"冠军的心"是真实存在的，但它并不是什么稀奇的东西，超越对手、超越自己的感觉的确是无与伦比，让我非常着迷，再多的金钱、荣誉和他人的赞美都比不过这种超越的感觉。但是这种感觉并不是冠军专属，每个人都可以拥有它。它可能仅仅起源于解决作业上的一个小问题，但是只要你不停地学习，在科研和工作的道路上奋进，它最终给你带来的精神奖励一定会比任何物质享受都美妙，而当你习惯于追求这种精神奖励之后，你就是永远的冠军！

在我们平时生活之余，也会参加一些不一样的活动，我也会在社交媒体上和大家分享和交流。在这个比较“内卷”的时代，同学们也需要进行自我调节。我知道现在的大学生们也会面临许多有关身心健康的问题，这里我要呼吁大家一定要学会劳逸结合。和我们运动员一样，既要保证训练的高质量，更要保证休息的高质量，全力工作、认真锻炼、多加休息，不要过早地透支自己。其次，我们还要尊重规律。人的身体其实是十分复杂的结构，我能游多快，取决于我的先天条件、游泳的天赋和综合运动能力。这个综合运动能力中包含的所有东西都是互通的，运动能力的广度决定了表现的高度。我不可能只在水里进行一些简单的游泳，随着我年纪的增加，我的力量、身体状况的表现会主动往下走，不像是在发育的阶段，睡一觉起来，力量、身高就长了。相反，我每天睡一觉，第二天起来我的肌肉、力量可能就掉了，这时候我可能就需要更多不同的方式进行一些训练，所以我在平时还会练一些举重的动作。大家在学习、科研的过程中，如果遇到了瓶颈，或者想要到达更高的高度，也不妨借鉴一下这个方式。你们可以拓宽一下自己的学习领域，比如说学一门技能、培养一个爱好，或者说看一本与自己的专业不相关的课外书，说不定能够获得更多的灵感。

最后，也是最重要的一点，那就是不忘初心。在互联网高速发展的今天，有的人可以一夜成名。一旦意外地掌握流量密码，一个人的生活就会在一瞬间发生翻天覆地的变化，这是机遇，更是挑战。同样地，有人说：“汪顺，你的命真好，你以前没拿奥运冠军的时候，游泳运动员在网络上受关注的程度还没有那么高。疫情暴发后，奥运会延期比赛，大家只能够在网上看比赛，你就拿到了那一届奥运会男子混合泳的第一块金牌。”那块奥运金牌似乎对流量有着极强的吸引力，让我一下子成为大家关注的焦点，比如：杭州亚运会前，我要来宁大读博的新闻上了热搜；开幕式上，党和国家给了我至高无上的荣誉，让我担任了开幕式的主火炬手；200 米混合泳夺冠，打破亚洲纪录后，我连续多次上了社交媒体的热搜。面对流量背后的巨大诱惑，要说我的内心毫无波澜，这肯定是假的。但幸运的是，现在的我可以非常清醒地认识到，我获得的这些流量的根本原因，并不在于我长得怎么样，而在于我在本职工作——游泳上取得了一定的成绩，越是在这样的时候，越需要保持一颗清醒的头脑，专注于自己、专注于工作。所以，我想和大家分享的是：优秀而强大的宁波大学会给我们提供一个非常好的起点和平台，未来的你们一定也会和我一样拥有很多一鸣惊人的机会，但是也一定会面临各式各样的诱惑，在这里我希望大家也能够和我一样，和我们的学校一样，坚守初心、戒骄戒躁，“百尺竿头，更进一步”，扣好人生的每一粒扣子，做祖国的栋梁之材，做社会称职的接班人。

谢谢大家，我是宁波大学体育学院2023级体育学博士研究生汪顺，一个宁波人，一名宁大学子，谢谢。

郭万林

南京航空航天大学教授，中国科学院院士。面向飞行器安全和智能化的需求，长期从事飞机结构疲劳断裂和低维功能材料与固－液界面力电磁光热耦合的物理力学理论和关键技术研究。近期主研水伏学、神经系统的分子物理力学原理、航空航天数字科学与智能技术。1981 年至 1991 年在西北工业大学飞机系学习并获得飞机结构与强度学士、固体力学硕士和博士学位。曾在澳大利亚、波兰、德国、美国、新加坡、日本、挪威、加拿大等国工作、授课、访研。发表学术期刊论文 500 余篇。1996 年获国家杰出青年科学基金的资助，2012 和 2023 年度获“国家自然科学奖”二等奖，2019 年因“对宇航结构完整性耐久性和纳米力学的持续贡献”获 ICCES Eric Reissner Award，2020 年获“全国先进工作者”称号。

诚于传承，勇于进取

郭万林

◎ 2023年10月26日，第227讲

亲爱的老师、同学们，很高兴能在宁波大学校庆之际，来到美丽的宁波大学校园。这是我第一次来到宁大，刚刚周部长陪同我们参观了校园，我看到了校友们、宁波的企业家们捐赠的一栋栋楼宇。今天我走进会场，看到台下坐满了宁波大学的师生，很是感动。

今天我们来聊一聊人类的文明和哲学、自然科学的发展。在春秋战国时期，我们的文字被记录在竹简等载体上，我们现在才得以知道当时诸子百家的故事。与之相比，古希腊的文字载体更易长久保存，我们得以了解柏拉图、亚里士多德等先贤的故事。在那个年代，人们就开始观测自然，思考人的存在、自然的存在，思考神学，等等。从公元5世纪到15世纪，西方国家经历了近千年的黑暗，现在去欧洲还能看到大量让我们震撼的教堂、城堡、贵族们的王宫，这些都是数千年留下来的遗迹。出于对绝对真理的追溯探索，不能一味地信神，于是有了意大利的文艺复兴，有了法国的大革命和英国的科学革命。启蒙运动带来了对真理、对基础原理的探究验证，于是诞生了“research”这个词，诞生了意大利最早的、也是大家认为世界上最早的大学——博洛尼亚大学。还有西班牙的萨拉曼卡大学，哥伦布航海前正是请教了这个大学的学者们，他的航行才达到了探险者们从未达到的距离。还有一批英国学者去法国的巴黎大学求学，最后因为两国的冲突法国不让他们回去了，于是他们跑回牛津和剑桥建了自己的大学。这就是世界大学文化，今天我们有宁大这样美好的校园，也是一种传承。

对科学、对自然的认识有三个层面：第一个是观察、观测，这是我们人类有心智就能够感受的；第二个是通过实验辩证分析、运用逻辑归纳演绎，形成思想学说。牛顿在大学求学时，课上讲授的还是亚里士多德的“世界是由四种元素组成的”这种朴素的理论。在中国，我们有老子、孔子、墨子等人的“道法自然”“天人合一”等思想，以及形成的儒墨显学，尤其是墨家对科学探索有非常大的贡献。第三个是形成理论体系，用数字刻画所认识的自然规律。

1687年，牛顿用拉丁文写出了《自然哲学的数学原理》，这本书直到1729年牛顿去世后才被翻译成英文。在这本著作中，牛顿发明了微积分。据我所查，关于牛顿力学的三大定律在公元1000年左右已有相关文字表述，即在牛顿著作发表的约700年前就有准确的文字记录了。所以牛顿给自己的著作取了一个非常贴切的名字“自然哲学的数学原理”。以牛顿为代表的数学力学家们这一时期的工作奠定了现代科学的基础，即“the Scientific Revolution”，“大写”的科学革命，迄今为止世界上公认的就这么一次，后面还出现过各种各样的科学革命，但都不是“the Scientific Revolution”。从此以后，我们进入用数学、用微积分去描述自然科学的一个新时代。

从狭义上说，这样的科学诞生在英国。1931年，留学德国的郑太朴把这本书翻译成了中文，并由商务印书馆出版。我们学习国语的《自然哲学的数学原理》实在太晚了。从17世纪到20世纪，大家看到了我们数百年来的落后，实际上本不是我们落后，而是西方的科学革命带来了一次又一次的工业革命。这个假期我去曼彻斯特时，发现到处都是工业革命时期盖的红砖房子，它的织布厂、纺织机都是在那个年代建立起来的，一切都是机械化的。我们小时候还穿着母亲手工织布做的衣服，但是当时的“的确良”等都是从外面传过来的“洋布”，从这个意义上说我们落后了。

牛顿力学和微积分理论奠定了现代科学的基础。在大学里，理工科学生的第一门课就是高等数学，因为如果不学这些，所有自然科学的知识就无法被准确地描述、理解和阅读。西方的伽利略、欧拉，还有各种各样的数学家、理论家，通过持续的钻研把牛顿的质点运动定律发展成连续介质的微积分的理论体系。比如纳维·斯托克斯方程是二阶的偏微分方程，它说的是流体所受的压力和流体的速度场有一个二阶偏微分方程的关联，所以给定它的边界条件和初始值，就可以去演绎流体的各种各样的情况，基于此我们的飞机才能飞起来。麦克斯韦的电磁理论也是一组二阶偏微分方程组，在牛顿力学基础上我们有了机械的工业革命，有了蒸汽机推动机器，在英国先是纺织革命，大量的低成本红砖房子在英国建起，后来基于麦克斯韦电磁理论等发展，有了电气化的时代，带来了两次工业革命。

有一个德国孩子在16岁时思考着“我骑着光飞会怎么样”，到了26岁便发表三篇具有划时代意义的论文，包括光电效应方程等，从全新视角对经典物理理论进行突破与拓展，他就是爱因斯坦。在速度接近光速的时候，牛顿的质点运动定律需要加一个对光速的修正，于是形成了“狭义相对论”。在这个基础上，爱因斯坦终其一生致力于将相对论发展成“广义相对论”，把时间、空间融为一体，提出引力曲率和运动的关系，如著名的爱因斯坦引力场方程。他还预测了质量和能量的质能方程，质能方程演化出的技术又引出了原子弹以及对核能的利用。

许多人在牛顿之前就一直在思考一个问题，光是怎么传输的？在牛顿之前，惠更斯、胡克认为是波动的传输，且波动的传输一定需要一个介质。牛顿则认为光可以用粒子来描述，这个观点上的分歧导致了他们之间持久的隔阂。一直到20世纪初，有一个二十几岁的小伙子想着想着，怯怯地说了一声，“光是不是既是粒子又是波”，从此波粒二象性的理论就诞生了。通过著名的双缝干涉实验、电子的衍射实验，发现了光电子这样的基本粒子。比如说，如果我小到亚原子尺度，轻到跟电子一样微小，那么我现在可以既在南京家里，又在宁波大学这里，这就体现了量子世界的不确定性。

这个波粒二象性不是我们看到的一个铅球、一个篮球这样的例子，也不是我们看见的普通物体，而是概率的粒子，是概率的波。依据这个概率波，我在宁波大学有 80% 概率，那么还有 20% 的概率在南京，但前提是我的质量必须非常小、非常轻微。以我现在的质量，说自己既在南京又在宁波大学，大家一定觉得郭老师在说疯话，在这个质量下我有 99.99999% 的概率是在宁波大学，在南京的概率现在趋近于 0。大家在科普的时候经常这样讲，“我在这里，又在南京”，这是不对的。在我这么大的质量和体积下，这是不可能的。只有光这样的基本粒子在非常轻、非常小的情况下才具有量子效应。后来又有海森堡的矩阵论、薛定谔的方程用微积分来表述。

在量子力学视角下看到的微观世界，跟我们在宁波大学用眼睛看到的宏观世界是截然不同的，量子力学理论打开了我们新的视野。假如今天我的眼睛和诸位的眼睛换成红外的传感器，而不是现在的视网膜，看到的会是完全不同的景象。所以我一直鼓励大家一定要学力学、一定要学量子力学，因为今天的量子力学应用广泛，比如激光笔、屏幕、LED 灯泡等都运用了量子技术原理。不仅要学经典的牛顿力学、连续介质力学、电磁力学、热力学，还要学习量子力学，这样我们才能从根本上认识我们身处的世界。在这个基础上，我们的机械的、电气化的、信息的工业革命完成了。量子力学奠定了信息工业革命的基础，并为描述以半导体为主的信息功能材料提供了理论框架。

我们的世界正在从信息走向智能，所以今天也想跟大家谈一谈我们认识自然的一些传承。19 世纪的空气动力学、固体力学的著名学者，德国的普朗特先生，他有两个得意的门生，一个是冯 · 卡门，一个是铁木辛柯。为什么材料力学这么重要？比如固体的四阶偏微分方程，迄今为止我们的数学家在很多时候不能给出数学解，只有在特殊的简化的情况下才能给出一些。在没有计算机的时代，必须把那个方程的求解问题简化再简化，铁木辛柯在那个年代把简化后能给出数学解的这些工作做成了一本书——《材料力学》，讲一根杆的变形和它的应力，一根梁的弯曲和它的受力变形的关系。

铁木辛柯在科学上最大的贡献就是把杆的理论发展成梁的理论。这在我们的纳米科技、我们的手机、我们的工业建设中，都是最经典的理论。我的导师黄玉珊先生 22 岁时到了斯坦福大学，跟从铁木辛柯先生做博士学位论文。

1940年，他在不到23岁时回国到当时的中央大学担任教授，也就是说他在一年时间内获得了斯坦福大学的博士学位。我5年前受一位斯坦福大学材料电子领域专家的邀请去讲学，我在他的办公室谈起了铁木辛柯，他立刻搬起凳子爬到书架上拿下了像砖头一样的《材料力学》教科书，说他在大学就学了铁木辛柯的《材料力学》。

我问他，如果我在铁木辛柯的时代，拿斯坦福的博士学位是不是就非常容易了？就和英国现在的硕士一样，一年就毕业了。他告诉我："不是。"斯坦福的博士学位永远是高标准的。我说："那你们有一年能够拿到博士学位的吗？"他说，有是有，但是只有唯一的一种情况——导师给出的题目是世界难题，而且基本上是数学理论的，也许你10年都解不了，但有的学生一年就把它解了，这个时候他可以用一年拿到博士学位。我知道了，黄玉珊先生在1940年就是把铁木辛柯先生给出的问题能解的全解了一遍，所以他用一年拿到博士学位，然后在不到23岁时，回到战火纷飞的中国。当时南京沦陷，中央大学整体迁到重庆沙坪坝，在一个山坡上借了一块地，建了一些青砖房子，他就在那里安家并开始了他的教授生涯，把他的一生献给了中国的航空教育事业。在中央大学，他是航空工程系第一届毕业的学生，后来在中央大学任飞机系的代理主任。后来，几所学校的飞机系被抽出来合并为华东航空学院，有两个系，分别是发动机系和飞机系，他任飞机系的创系主任。1956年响应中央号召，学校整体迁到西安，建立西北工业大学，他又担任西北工业大学的飞机系创系主任，一直工作到70岁去世。可惜的是先生在改革开放之前没有看见我们自己的大型飞机，他主持设计的"延安一号""延安二号"都是非常小的螺旋桨飞机。在改革开放以后，他主持设计了一系列飞机，但不幸的是他的身体在这期间垮了。在我刚刚读博士研究生的时候，他就去世了，于是我成了先生的关门弟子。

早年的飞机都是薄板结构，所以解决一维和二维的问题基本上就能够设计飞机了。但是在20世纪80年代改革开放之后，我们现代化的数字设计CAD、现代化的数字数控机床建立的大都是三维整体主承力结构。此时，过去的老式杆板梁的理论不够用了，于是我们在做博士学位论文时将它发展到三维，建立了三维弹塑性断裂理论。从整个意义上讲，我们师生之间，从布朗特先生培养了冯·卡门先生、铁木辛柯先生，到我这是第四代传承。

现代飞机都是三维的，我们把这个解一维的、解二维的方程扩展到解三维，所以给出了三维的理论。在此基础上，我们现在发展数字飞机、数字发动机的跨越维度，从一维、二维到三维材料的实验及结构的性能，从常温的飞机到高温的发动机，以及现在超高音速飞行器，等等。过去20年，我们深入量子尺度去认识材料破坏、材料性质的本源，为什么这个材料有这样的性质、这样的强度。过去材料破坏是二维断裂理论，经过了大半个世纪的发展，还是平面应力、平面应变，而我把它发展到三维并提出了一个三维应力约束因子，这个因子被国际上称为“郭因子”，这些理论被称为“郭理论”。现在我们在这些理论基础上建立了参数体系，建立了基于一维、二维的材料的实验标准，发展了它的破坏理论、破坏方法、破坏评定的理论体系。

2019年，断裂力学的世纪峰会在新加坡举行，那些会出现在断裂力学教科书中的人物都到了会场。我做了“三维断裂力学：从实验室到工程结构”主题报告。这次会上见到的先贤们是先驱者、开创者，我只是把他们的理论拓展，我觉得我没有做出原创性的工作，我对自己不满意。既然不是原创的，那更要用好它来解决实际问题。我们在大学里要掌握的主要就是两方面，一是原创，二是解决实际问题。

在过去20多年里我们研究各种各样的材料，提出了“纳米智能材料器件”的概念，在纳尺度下我们的时间就到了飞秒、阿秒的尺度。假如我们用铅笔芯在纸上画一条黑杠并把它放大，就能看到由一个个原子的片堆成的像山一样的结构，拿出其中的一片就是石墨烯，石墨烯这样的材料具有本真的智能特性，我们今天的LED显示屏就是基于它制作出的超高节能的一种显示器件。在这个尺度，我们需要把牛顿定律、牛顿力学和量子力学关联起来，把宏观的世界跟波粒二象性的不可思议事件关联起来，建立起一个物理力学的领域体系。

2012 年，我们获得国家自然科学奖二等奖，那一年，宁大的王礼立教授跟我一起获得了这个奖项，所以后来宁大有了“一流学科”，南航跟你们一样，南航力学在 2017 年的“双一流”建设中也被列为“一流学科”。在新领导班子的带领下、宁波市的大力支持下，在蔡校长、吕校长对力学发展的专门支持下，希望宁大的力学跟南航的力学都真正地成为世界的一流学科。

我对朱书记和吕校长讲过：“力学再办都不为过。”因为力学可以支撑所有的学科，因为它是一个基础的学科，可以支持海洋，可以支持机械，可以支持制造，甚至物理力学以后可以支持我们的控制、信息等学科。所以把经费投给力学没错，宁波大学的领导是有大智慧、大胆魄的。

人类大脑中的神经元构成一个神经网络，能够处理大量复杂的信号，把大数据变成有用数据，这是我们大脑智慧的根源所在。飞机我们已经能够设计了，如果加上飞行参数的监控数据，是不是就能把黑匣子的各种数据变成有用的数据传给飞机，告诉我飞机的关键部位还有 80% 或者 30% 的寿命，这可以实现吗？所以我们建立起“结构的寿命指针”，在这个基础上提出飞机全生命周期的运行，安全的、智能的、监控的、系统的概念，现在我们正在商飞推行这样的概念。希望通过这样一套理论，在数字化的、网络的时代，不论飞机飞到哪里，都可以知道它所有的核心部位的安全可靠性，这就是数字工程。

在 2019 年新冠疫情前，我在日本还得到了另外一个奖项“Eric Reissner Award”。我认为它给我的颁奖词于我是一个很好的鼓励——“他对航空结构完整性和耐久性以及纳米力学的持续的贡献”，我们要继续努力去获得大家的认可，这是科学家该干的事。

今天我们进入了一个网络的、数字的、智能的时代。早期互联网要用计算机插网线才能连接，在国际上被广泛应用。现在华为建了 5G 网络，在地面上通过建立大量基站进行无线通信，不再完全依赖于原来的互联网体系。俄乌战争中，战场情况对乌克兰的单向透明使得俄乌战争的局势改变了，最初俄罗斯想用一周时间拿下乌克兰，而到了现在还不知道未来如何，战争什么时候能结束。

现在的空天地是一体的，网络技术在其中起了决定性的作用。首先我们需要大量的廉价卫星。美国 NASA 在 80 年代退役的航天飞机，把每公斤的货物送入近地轨道的成本是 65400 美元。美国的载人登月计划重启用的火箭成本差不多是 5 万多美元 / 公斤，这是举全国之力才能干的事。然而出现了一个“奇葩”，马斯克开了一个 Space X 公司，他也要发火箭、放卫星，但 2007 年、2008 年不断地爆炸，炸得都快破产了。最后马斯克把自己家里的钱全部拿出来，号召他的员工和管理层都把自己的钱拿出来，说要么咱们解散，要么拿出来。后来那些困难扛过去了，他现在每周都发一两次，每次发 57~60 颗卫星，现在已经在天上发射了 6000 多颗，他把这个成本降到了 2000 多美元 / 公斤。

他是怎么做到的呢？去年他发射了 60 次，仅用了 4 枚新的火箭，剩下 56 枚火箭都是重复使用的，成本当然低。他未来的雄心更大，想做到每公斤 10 美元的成本，也就是说以后咱们可以坐一趟飞机到北京，也可以坐一趟星舰到月球。还有印度，今年 7、8 月份他们的月球探测器发射成功，在月球上降落，它走的是跟中国差不多的廉价道路。

今年中国空间站建起来了，我们也开放商业的市场，也就是说谁来我的空间站送货，我都可以给你委托合同，招标书的价格是每公斤送到空间站需要 12 万元人民币，差不多 2 万美元，当然送到这个空间站要比地球轨道的成本高。现在的局势是这样的，马斯克逼着大家往这个程度走，于是我们中国现在也进行重复发射，正像马斯克一样在建设可重复使用的火箭技术。

现在中国的北斗卫星，我们用 100% 的成功率发射了 59 颗，组网成功。北斗卫星是高轨的，每颗卫星覆盖的地面面积大、频带宽。今年华为手机 Mate 60 可以跟“天通一号”商业卫星直接实现地面通话，也就是说即使没有 5G 信号、没有互联网，仍然可以打电话、定位导航，可以在野外救命，但是成本非常高。现在马斯克在地面周围已经有 6000 多颗近地卫星，他计划要发射 42000 颗这样的卫星，让地球的每一个平方米都能被空天地一体的网络信号覆盖，也就是说可以完全不用 5G，也可以完全不用因特网。中国把近地轨道剩下的 12000 颗卫星容量全部申请了，未来中国也会有这样的网络。我们今天走到了一个空天地一体的时代，我们的发动机、火箭、飞机是一体的，因为都是由材料制成的，有一套数字化的理论方法体系就可以把它们从材料到性能、从设计到运维整个关联起来。我们可以用这套技术，把现在的飞机、火箭发动机的制造成本和周期缩小、缩短到十分之一，把航天的、航空的、发动机的全部变成一样的实体，这样会节省大量的经费。

另外，我们在 21 世纪面临的不仅是国家之间的竞争或者是通信的问题，我们面临的还有深层的压力。为什么？我们在缺水的地球，中国大部分地区是缺水的，现在世界上还有四分之一的人口获取不到足够的饮用水。我们要控碳，要做很多事情，但是地球变暖的趋势是不可逆转的。我们还缺乏能源，从南京坐高铁到宁波最快只需要 2 个多小时，但这要用电力、要用能源，而我们现有的能源都有限。所以今天我们面临着能源的、地球变暖的、缺水的压力，这些都威胁到人类的生存。

奥巴马当政时，西方说："如果中国十几亿人都要过上美国人的生活，是不可想象的，那样世界就完全崩溃了。"而今天中国的基础设施和大学校园已经不输于美国，我们今天过的生活基本上就是美国人的生活。中国在生产，他们在享受，生产得多肯定要有碳排放，那么他们就要征税。但是美国发展过了、排放过了，现在该我们发展，你不能制止我们的发展权、生存权，未来人类是一个共同体，不是哪部分人可以过好的生活而其他人就必须忍受贫困。

怎么解决这个问题呢？我们的煤、石油、天然气，包括核燃料都是有限的，几十年就可以把这些能源"吃"完。现在我们指望太阳能、风能等新能源，国家对此也进行了大量的投资，但是它是间歇性的，比如说今天晚上没有风、没有太阳，这些体系就得全部歇下来，但是我们还要照明、还要用电，怎么办？所以现在新能源存在着并网、储存、削峰填谷的问题。

太阳给地球的能量是很大的，但 70% 的能量被水吸收，其中一半通过海洋、湖泊等的蒸发变成雨水与河流，形成地球的水循环，水的系统是我们赖以生存的网络，这个网络同时带着大量能量在我们周围不断地转换。太阳已经燃烧了 40 多亿年，现在还有 70% 多是氢，还可以给地球提供约 50 亿年稳定的光和热。太阳或地球都有自己的周期，这是地球科学家、气象科学家按过去80万年地球的温度起伏分析得出的，我们有冰冷的时候，也有温度高的时候。过去5000年地球的温度已经上升了4~7度，现在还在不断上升。我们在研究纳尺度物理力学时就发现，比如拿一小片玻璃板在灯上烤几分钟，形成黑色的碳黑薄膜，将其一端插入水中，这块玻璃板两端的电极间就能够产生电流，我们把这样的效应叫作“水伏效应”。水伏可以用廉价的材料，且不分白天黑夜、室内室外，把太阳的光热在水循环中的流量变成电能。今天我们用“水伏效应”去把环境热能变成电，已经达到了每平方米1瓦到50瓦的量级，这依然是一种能源技术。如果我们把达到地面多余的太阳的能量转换成对我们有用的能源，那么美国人、中国人都过上好日子仍然绰绰有余，所以就不存在只有西方国家发展，中国等国家不能发展、不能过上好日子的问题。现在的问题是，比如说未来太阳还有50亿年可以稳定燃烧，那么我们提出的控碳方案是暂时的，提高利用太阳光热的能力是永恒的、唯一的。因为现在的煤、天然气包括核能总有一天会用完，而太阳光热在未来至少几亿年的尺度里是一直在增加的。如果不用，我们不仅会没有能源，而且会被热死。

我们今天在实验室里、在计算机上，可以大量地数字化地去搜寻合金的设计，比如又轻又耐高温的发动机，使我们的技术上一个新的台阶，这是我们在南航正在做的一件事，也是我们未来发展的一个方向。半导体现在已经发展到一定高度，但未来必须向多功能、更节能的方式发展，一是新构架，二是新材料。如何能够找到室温的量子反常霍尔效应材料，这是我们在实验室的另外一个目标。

我们的大脑中并不存在刚刚提到的所有的这些材料，但是大脑能思考，给一点热量它就能够有序地形成思维，那么大脑是怎么运作的？这就要回到神经元的发现问题。卡哈尔先生发展了高尔基的染色法，在显微镜下进行了大量的观测，绘制了他看到的图像，他发现神经元是分裂的，而高尔基的学说是一张网。他否定了高尔基的网的学说，提出了神经元学说，这也是我们神经科学的基础学说。卡哈尔和高尔基在1906年共同获得“诺贝尔生理学或医学奖”，50 年代人类在卡哈尔的神经元学说的基础上提出人工神经元、人工神经网络的概念。所以今天的 AI、神经网络并不是新的东西，而是 20 世纪 50 年代受人类大脑的神经元受启发而提出的理论。

那未来我们该如何认识大脑？大脑产生脑电，这是 100 年前就能测到的，但是大脑是电脑吗？谁相信大脑是电脑？好像没有。今天的大脑是什么？在机械到电子的年代，大家试图用电子来解释；到量子的年代，大家也提出来量子的学说，但都没有被广泛认可。哈佛大学发展了最先进的扩散核磁共振的技术，把核磁共振的图像重新处理，得到大脑中水的轨迹：大脑是一系列“水管”组成的！那是不是水伏的呢？这个问题好像比那些问题更有趣。大脑每一个神经元都有细胞膜，细胞膜上有钾离子、钠离子、钙离子、氯离子等各种离子通道。心脏是钙离子驱动的，大脑中的神经信号是钾、钠离子主导的，这样的学说奠定了今天的整个神经科学的基础。

欧洲在 2013 年启动了两个 10 亿欧元级别的重大旗舰计划，其中之一就是“人脑计划”。这个计划就是说，如果能够知道人脑中所有的神经元，就可以在电脑对应的一个晶体管程序中模拟所有神经元上的离子通道，大脑中的每一个神经元、每一个离子通道都有对应的晶体管模拟，那这个计算机就能够计算出人的意识、人的思想是怎么产生的。今年这个计划历经十年宣告收官，*Nature* 杂志作为最权威的学术刊物给出了一篇文章，在欧洲最后花了 6.7 亿欧元的这个计划做得怎么样？最终在模拟大脑方面是碎片化的，看不到跨尺度的集成，看不到大的问题得到解决。

我们运动、思考、摇头晃脑，脑中都会产生毫伏级、微伏级的电信号，我们的大脑 70% 以上是水，神经元 70% 以上是水，我们的大脑有 51 个分区，大脑由各种神经元组成，这都是已知的事实。但是所有的这些神经体系都是放在蛋白质等大分子、水分子跟离子、质子、电子这么一个体系中作用的，也就是说它不仅仅有神经元网络，还有一个这样的体系。所以我们提出要发展水伏学的三个境界：第一，水伏学能够发每平方米一到几十瓦的电，已然是一个能源技术。第二，水伏可以消纳太阳的光热，可以应对气候变化，可以跟生存空间、现代农业等结合起来，去应对未来地球的变化，我们把第二境界叫水伏生态。那么第三境界呢？解决人类认知的问题，发展新一代的人工智能。所以我现在在推行两件事，其一是解决空大数字化的问题，其二是推动使用科学技术解决人类生存的问题。

现在我们的人工智能、人工神经网络很发达，比如机器学习可以由几万亿的参数模拟一个复杂的体系，我们进入了一个新的数学、力学和基本科学的时代。对于21世纪人类面临的重大基础科学问题，我们力学责无旁贷，除了解决工程的问题、生存的问题，还要解决根本的科学发展的问题。从牛顿的时代开始，科学主要是西方发展的，我们学了几百年，而今天我们在复兴。我们现在的基础设施、科研人员、论文数量、论文质量，包括我们的论文引用都已经超过他们了，所以我们该超越地做一些科学引领的事。刚才宁波大学让我题词，我就题了“谋科学引领，树教育自信”。

王莽发明的游标卡尺在1992年出土，说明中国在公元9年左右就有游标卡尺了。大家知道游标卡尺的测量精度是多少吗？到了几十微米的量级。而西方的游标卡尺出现在公元1600多年，比王莽的游标卡尺晚了很多。中国自古就有广义的科学，它跟所有的智慧一样，而狭义的现代科学是西方发展的，是我们学来的，这是我对科学的理解。

现在我们进入量子时代，进入极低温、极高温、强磁场等极端环境的时代。未来我们要认识两大块，一个是我们认识人的自然的大脑，另外一个是我们制造像人的大脑一样的，类脑的人工机器、人工智能。我们把力学分为几个阶段，第一阶段，牛顿的连续介质时代叫作“力学1.0”；第二阶段，我们把从原子、电子等基本粒子的行为到我们信息物质能量的描述叫作“力学的2.0”；第三阶段，未来我们要考虑物质能量信息的动力学，也就是说“力学的3.0”现在还没有诞生。所以做力学的学校、老师、学生们有机会像牛顿一样开创一个新的科学时代，即“力学的3.0时代”。

我是在1999年底2000年初到了南航这样一个工科学校，我们团队在学校里也做了一些事。2001年建立了纳米科技中心，成立了纳米科学所，建了纳米力学的博士点、硕士点。后来又获得了教育部的创新团队、前沿交叉学科等荣誉。2010 年，获批纳智能材料器件教育部重点实验室。2011 年，我们有了第一个机械结构力学与控制国家重点实验室。到今天，我们南航的力学成为“双一流”学科，我们的实验室成为全国重点实验室，我们的材料和工程科学都进入了前千分之一的行列。即使是在我们这样的小学校，不是在清华北大那样的一流大学，我们也能做一些让人记住的事，以此跟大家分享。

最后我想说的是科学的两条途径：一是需求驱动，从实地的工程需求去反推最底层的问题；二是自然的认识驱动，主动去观测自然、总结规律，写出它的理论学说、原理概念，产生技术变革和工业革命。这是过去人类科学走过的路，未来这两条路我们都要走。我今天的报告就到这里，谢谢大家。

梁晓声

著名作家、学者，中央文史研究馆馆员，第十届茅盾文学奖得主，中国作家协会会员，中国现当代以知青文学成名的代表作家之一。凭借作品《人世间》获得第十届茅盾文学奖。2019 年 9 月 23 日，长篇小说《雪城》入选“新中国 70 年 70 部长篇小说典藏”。代表作有《人世间》《那是一片神奇的土地》《今夜有暴风雪》《雪城》《师恩难忘》《年轮》等。

用文学传递人间温暖

梁晓声

◎ 2023 年 11 月 4 日，第 228 讲

宁波大学的南天门在 21 年前就给我留下了很深的印象。当时我是北京语言大学的，在学校里同学们经常谈到宁波大学的南天门，因为我们北京语言大学在北京应该算是校区比较小的一所大学。我这次来，同宁波大学的感情又加深了，因为我和蔡校长都是北京人，不过这次我是作为客人，他已经作为主人了。我在车上觉得心情有点紧张，就跟校长说："你看我们两个都是有压力的人。"

我们讲座的主题是"做人做事做学问"，这不单可以视为所有大学、所有研究部门的必修课，甚至可以视为大多数中国人的人生必修课。我曾在北京语言大学的一次欢迎新生的仪式上作为教师代表致辞。我谈到我们要做一个大学生，要做一个有文化的人。那什么是有文化的人？我又提出了四点：植根于内心的修养、无须提醒的自觉、以约束为前提的自由、为别人着想的善良。

我在自觉这一点上还算做得比较好。我一般是住在宾馆的，说好了几点出发，车在外面等着，我都会提前候在大堂里，而不用别人打电话说："梁老师，出房间没有？"当然自觉不只是这点，只是说这几乎成为我在一切活动中的一种自我要求，因为我是一个动作比较缓慢的人。我做了三届的政协委员，在开会的时候住得比较远，所以起得很早。九点钟要在大会堂开会的话，恐怕我六点多钟就要起来，我还是比较准时的。

接着就是以约束为前提的自由。这世界上没有绝对的自由，每一个人，按照马克思的说法，都是社会之和。那你既然作为一个社会人，你的一切自由实际上都在约束的前提之下。不要说作为一个社会人、作为一个国家的公民，你就是作为家庭的一分子，实际上也是要使自己的一些习惯和家庭成员即他者的习惯相协调。

还有很重要的一点，就是为他人着想的善良。我最近在想一个问题，我们人其实可以说是在三个层面来度过我们的一生的。第一个层面是"本我"层面，或者称为"原始我"。你出生在什么样的家庭、具有什么性别和性情，这都是无法选择的，包括身高、样貌、大脑各区域的基本状况，在很大程度上是由基因决定的。可能有的人从出生起就是性情中人，感性思维比较活跃，而有的人天生就是理性思维比较强，这些我们都无法选择。但是一个人不可能总处在"本我"的状态，否则会给我们日后的人生带来很多困扰。正如恩格斯曾很遗憾地提出，我们人类进化到现在各方面仍遗传着动物性，人类实际上还需要进化。这里说的进化实际上就是文明。每一个人其实都是一个欲望的盛器，我们有多种多样的欲望，比如你强烈地想成功也是一种欲望，还有七情六欲，我们有比地球上任何物种都更加强烈和丰富的情感。

实际上到3岁之后，我们开始接触外界，在无形中就由"本我"开始向"自我"过渡。我们现在大部分是独生子，每一个独生子都是家庭中的宝，爸爸妈妈来关爱，爷爷奶奶、姥爷姥姥也来关爱，亲人们都争着关爱，他们也会把他们对一个小孩的种种希望寄托在我们身上。然后等我们上了托儿所，有的时候幼儿园阿姨表扬这个孩子、没表扬那个孩子、阿姨喜欢哪个孩子……这都是外界对我们的影响。然后我们成为小学学生、中学学生、高中学生，在整个过程中外界不断对我们施加影响。比如现在教育部已经规定不允许排名了，以前我们每次考试都要排名次，每一次排名次实际上都会对一部分学生造成伤害。如果一个人的成长过程中始终伴随着"本我"和"自我"的困扰，那么他在这个过程中就会有很多烦恼。其实世界上只有极少数的人在成长的过程中没有烦恼，绝大多数像我们一样的普通人都因成长的烦恼而困扰。那怎么办？

接下来，我们要给自己提出一个目标，就是向"超我"进步，这里不是尼采所说的超人哲学中的"超我"，而是要逐渐学会平衡"本我"和"自我"在我们内心深处所造成的冲突影响。

通过什么方式来达到"超我"状态呢？只有读书。除了读书，还是读书。我到浙江来是参加书展，书展的一个副标题就是"书籍是人类进步的阶梯"，这一点在从前看来是没错的，我觉得即使现在看来也没有错。所有知识的成果最集中地沉淀在书籍之中。我们的蔡校长是院士，是科学家，但是在他所从事的这些领域中，所有的科学成果也还是以书籍为最主要的方式汇集。论文最后也要汇集成书籍，知识都集中在书籍的圣殿中。其实从事科学的人跟我们一样，也会经历"本我"和"自我"的困扰，所以从事科学的人也有一个用文化来"化自我"的愿望。

1979 年，我参加过一次全国高校会议，那是改革开放时期第一次恢复全国高校会议。有一位厦门大学的老先生就谈到了国外的教学理念，当时可能主要讲的是美国。那个时候硅谷已经有雏形了，在那里的一些年轻人都是理科男、理科精英，但是经常会发生抑郁的症状，也偶尔有自杀的倾向，还会对自己的专业产生厌倦，最后丧失兴趣。他们最后意识到，在这样的一个科技园区内缺少文化，于是又进一步提出我们要向社会提供"完全的人"，我的理解是培养"全面的人"。"全面的人"就包括了要有文化的素养、要有欣赏的愿望、要以某种文化思想来进行自我情绪的平衡。所以我个人觉得，读书本身确实是很重要的。

1949 年新中国成立的开国大典上，天安门城楼上有一位老者，他差不多也是天安门城楼上年纪最大的一位老者，当时还戴着小小的瓜皮帽。他叫张澜，是四川的一位民主革命家，当时的身份是国家副主席。他也曾有过教学经历，他对学生们提出"青年要自强自立"。通过自强才能达到自立，而通过自立才能有尊严。"自强、自立、自尊"，人断不可以自欺。自欺包括什么呢？这跟我们的做人、做事、做学问是有一些关系的。尤其是第三点——做学问。做学问讲求既要"好高骛远"，就是要大胆地质疑、大胆地假设，甚至可以挑战权威；

但是你在具体进行科研的时候，它又是脚踏实地的，如果没有脚踏实地，那就是纸上谈兵。

那么，读书这件事是如何对我们产生影响的呢？我个人觉得，我们谈到的读书并不完全是读小说。我在每一次书展上都强调，很多人谈读书这件事，谈着谈着就变成了读小说，而这是完全不同的。书籍是一个更广泛的概念，小说只是文学类书籍的一种而已。单独谈文学的时候，可以说“文学的大树”，但是放在整个文化文明和书籍的海洋中，我们说它最多是大树的一根枝丫而已。

文学起什么作用呢？情形差不多是这样：一方面是人类，一方面是书籍成果。没有人在他识字之后就能够自然而然地进入书籍的海洋、书籍的殿堂中，没有人自然而然地就能成为一个有阅读习惯的人，这两者之间要有桥梁。因此，我把文学类书籍定义为桥梁。谁最后养成了爱读书的习惯，不是从文学开始的？包括鲁迅、我们敬爱的周总理、我们老一辈的革命家，他们当年也都是喜欢读书的人，都是读书青年，甚至还是文学青年。他们都是从喜欢文学开始，但是他们读书读得很多，最后通过阅读的习惯开始接触马克思理论、革命理论等等。

文学是一个桥梁，这桥梁中也分阶段：童书、小学生该读的书、中学到高中生该读的书……人们通过形象的、生动的、更容易将我们代入其中的书籍，养成了阅读的习惯。在养成了阅读的习惯之后，一般来说，一个真正一生有阅读习惯的人，最迟到45岁大抵是不读小说的。我自己是作家，我都有相当长的时间没有读小说，只是在听说新产生了一种文学现象后才找来读一读。比如，在文学评论中，大家对什么观点有了一些讨论，我会读一读，虽然我没读小说，但我天天在读书。十字军征讨我要读，西方史我要读，西方文学史、文明史、科技史，还有中国传统的哲学类书籍也要读。有段时间在我枕边放着的是我们早期的启蒙书，比如《三字经》《千字文》《百家姓》，没事我就拿起来看两句，想一点问题。还有《声律启蒙》《幼学琼林》，这都是民国乃至民国以前的一些学者为了当时的孩子们所写的启蒙书。我个人认为，我们早期的这些文化人相当了不起，他们编写的启蒙教材相当引人入胜，而且背起来朗朗上口。

鲁迅先生写孔乙己，“孔乙己上大人”其实也是另一个版本的《千字文》，就教你从这几个字开始写起。我们的许多老先生，比如蔡元培先生、胡适先生、林语堂先生，他们都是读过《幼学琼林》和《声律启蒙》的。《声律启蒙》能使我们的孩子在五六年级时就开始对汉语言的声律学问有一个最基础的知识，那些很美的句子比如“云对雨，雪对风，三尺剑对六钧弓”。孩子也愿意读，因为它朗朗上口还押韵。所以我虽然 70 多岁了，也常躺在床上看一看这个，琢磨一下，然后从心底生出对我们这些早期启蒙文化人的敬意，觉得他们为我们一代代青年的成长作出了贡献。

在疫情的这三年里，我“阳”了两次，但是有时候回忆起这三年，我个人还有一种享受感。那个时候突然觉得电话也没有了，短信也没有了，没有人要求你到什么地方去参加什么活动。在如此充分的一段时间里，我完成了一部长篇，就是中信出版社出版的《父父子子》。后来李路导演，也就是《人世间》的导演，打算把它拍成电视剧。然后我又做了什么事？我很系统地读书，有俄国的、美国的、英法德葡的等。我从他们最初的、最优秀的小说开始读。我这次出差，书包里还带着两部书，一部是《俄罗斯优秀短篇小说选》（下集），一部是《莫泊桑短篇小说选》，因为我觉得在飞机上差不多就有时间可以读半部短篇。其中有的我读得比较认真，有的读得比较快——因为原来读过，相对了解。为什么我要重读？这和我这段时间在思考我们的文化自信有关。

文化是一个很大的概念，你在网络上能看到很多似乎有学问的人，他们话里话外总是要强调中国在文化上不行。原来有些人强调我们中国在科技上不行，我们中国在司法上不行，然后又出现了一些“大 V”强调我们在文化上也不行，我们的老子、孔子等都不值一提，还有一批人总是在说中国的文学也不行，或者中国本身就没有文学。大家看到过这种言论吗？

这些话听起来就感觉好像只有外国小说才是小说，外国小说是金镶玉、是最美的花，中国小说就排不上号，是吧？我虽然在很早的时候也读过一些外国小说，并且也崇拜过、喜欢过外国的作品，但我觉得我经历的这个时期，中国有很多作家、很多小说也很棒，怎么就被他们说得一文不值、遍地鸡毛？一定要去读它，你不读就没有发言权。读完之后我感慨良多，就又写成了一本书，这本书我最终得出的结论是——见他的鬼去，谁知道他们是些什么人。

这世界上的文化和文学现象本来就是各美其美、美美与共，而且我们中国文学所表现出的汉语言的叙事美感，也是其他国家的作品中没有的。我到哈尔滨去接待一位已到中年的朋友，他 20 多岁的时候就喜欢读书，年轻时读国外的小说是比较多的，尤其是俄罗斯文学，自己也喜欢写作。他忍不住问我："梁老师，你对俄罗斯文学怎么看？"我说，俄罗斯文学很伟大，他们有托尔斯泰这样的高峰，屠格涅夫、契诃夫、高尔基等作家都非常优秀，那些作品也都影响过我们。然后他又问："您对陀思妥耶夫斯基怎么看？"我说，陀思妥耶夫斯基也写过很棒的小说，我又重读了他的《白痴》，重读之后觉得这部小说依然写得很棒，他的开头、他的文笔、他的人物，包括整个《白痴》的故事我个人觉得有一种隐喻，这隐喻我也很欣赏。

别人可能还没有从隐喻这一点来谈过《白痴》，这本书讲的是俄罗斯一个有公爵头衔的贵族后裔，但是那时俄罗斯许多贵族之家其实已经败落了，某青年可能是贵族后裔，同时是一个流浪者，身无分文。《白痴》的主人公就是这样一个青年，而且他有癫痫病，国外一个做慈善的人替他交医药费，他觉得好了一点之后就要回到彼得堡了，他在车上碰到许多人，到彼得堡后又卷入了一些乌龙，无非就是有钱的男人、有权的男人互相争夺一个女士。公爵被卷入这些事之后，旧病复发，又要回到国外去治病了。在这一次受刺激之后，这病是治不好了。这本书其实想说什么呢？就是陀思妥耶夫斯基在经历了被发配、被允许重新回到彼得堡的过程后，他在回来前得到的信息是俄罗斯在许多方面已经变了、已经向好了，但回来后的感受却还是和从前一样，因此他想通过笔下的一个人物来证明此点。契诃夫在他的小说《第六病室》中有一句名言是"俄罗斯病了"，陀思妥耶夫斯基则直接写了这样一个公爵的后裔，他也病了，因为俄罗斯的病还没有好，他回到这个环境就又受感染了。我认为这小说写得相当好。

他又说："那你对他的《罪与罚》怎么看？你对于他的《卡拉马佐夫兄弟》

怎么看?”因为我知道现在网上都在炒作这样的作品，好像不看这些书中国人的人生就白过了。我就问他：“那你怎么看?”我让他大胆地说出来。他说：“我真的要求自己看，但实在看不下去，太沉闷、太拖沓，尤其是《罪与罚》。”《罪与罚》我在疫情期间也重看了一遍，前50页写得好，写一个青年怎样落魄地生活,然后他就犯了杀人罪,然后这本书就变成侦探小说了。我说：“亲爱的同志,是这样的,你要大胆说出你自己的真感受,别人不问,咱不上赶着说。如果别人都在讨论时问到你,看不下去就是看不下去,我觉得它就是很一般的小说、很寻常的小说、三类小说。”

我这样说是因为我看过，我把它和托尔斯泰比较，和屠格涅夫比较，和契诃夫比较，和《白痴》比较，它们的差距就显现出来了。实际上看过所有的这些，我又重新回过头来看我们中国的文学。我个人觉得，如果中国要论文学，小说、现代诗歌、散文起步都比较晚，但是我们有一个时期的开头是很棒的。比如小说本身有很多功能，第一是它的批判功能，在晚清的时候就已经体现过了，像《官场现形记》《儒林外史》《孽海花》，但这一批小说都不太成熟，有时候可能在前几章写一个人物，后几章这人物就没了，《儒林外史》就是如此。但是在那个时期，中国小说的批判功能已经显现出来。然后我们经历了新文化运动，产生了鲁迅这样的作家。我是非常喜欢鲁迅的小说的，比如《阿Q正传》《狂人日记》《祝福》《伤逝》。但是有一点我很困惑,我之前和作协的一位副主席有一次小聚，他送给我他的书，其中有关于向少年们介绍鲁迅的内容，我就跟他探讨了一个问题。我说：“你们研究鲁迅比我深入,《阿Q正传》这个小说非常棒,但是我们要向今天的青年们解释清楚一个问题,究竟是什么人在当时评论这部小说的时候，用了那句‘写出了国人劣根性’的话?”“国人劣根性”是什么意思?它定位了“中国人的劣根性”，那阿Q身上所体现的东西是不是仅仅在中国人身上体现?洋人们身上有没有呢?

这个问题也需要看书啊，读十字军东征史、读西方史，会发现他们自己写的也是他们身上的劣根性。因此我个人认为，当时说这是“国人劣根性”的这个评论本身，其实是没有经过深思熟虑的。如果我在那个时代，我就会写成

"人类劣根性"。今天我的眼睛往西方扫过去的时候，我突然看到西方有那么多"阿Q"，那些政客的表现，不但是阿Q，还是蘸血馒头的华老栓，还是真狂人，对吧？因此我说，不是只有中国人中才产生阿Q、华老栓、祥林嫂，那是一种全人类都有的现象。如果说这种现象在当代人身上还会经常看到的话，那么在西方也有，尤其是他们开会时的胡说八道，还有那些完全违反逻辑、违反人道主义的言论。

这些话不应该是我说，而应该是最有资格的鲁迅研究者要来说的。如果不说，它会成为一个什么问题？亲爱的同志们，我倒没有在外国人口中听到"你们中国人还有许多是阿Q的子孙后代"这样的话，外国人他不敢说，要是当着我的面说，那我用几句话就怼回去了。说这些话的是我们中国人，我极瞧不起这些人，我很嫌恶这些人。因为一个中国人在今天用"国民劣根性"来说自己同胞的时候，他就是假洋鬼子。他似乎处在一个文明鄙视链的上端，他所鄙视的是自己最广大的同胞。我们可以对这样说话的人提出一个问题：当你这样说的时候，你首先证明你自己不是阿Q，那你的配偶可能也不是了，既然你们的基因如此好，那你们的儿女也不是阿Q了，凭什么？你哪点了不起？因此，当我们在网络上再看到动用鲁迅的《阿Q正传》、"国民劣根性"来说今天社会上这样那样的现象的时候，我们不要被他们的节奏带着走。那些家伙究竟读了几本书其实也很难说。

我们再来看，与鲁迅同时代的还有巴金、叶圣陶，都是很优秀的作家，在短篇方面还有一些年轻人也很棒。这里我要提出一个名字，估计大家可能没听说过——柔石。昨天在饭桌上我跟另几位作家谈柔石的《二月》，回顾我们中国文学，我在重读这篇小说时，真是觉得二十几岁的柔石写得太好了，这样的小说放在那个年代，从全世界的文坛来看也是一流小说，还有他的《为奴隶的母亲》也很好。我们还有那么多诗人，比如忧郁而浪漫的"雨巷诗人"戴望舒，还有徐志摩、闻一多。闻一多的《红烛》和《七子之歌》你们听说过吗？《七子之歌》就是他在那个年代，觉得我们的香港、澳门等地都给别人了，祖国母亲的七个孩子都在别人家里，所以就写下《七子之歌》抒发强烈的爱国情怀。文学作品不但有揭露的功能，它在特殊的年代还有唤醒民众、振兴民族的号角的作用。周恩来20岁时就作出“大江歌罢掉头东，邃密群科济世穷”的句子，他看到自己的同胞都在苦难的生活中煎熬着，想要找到一种救国的方法，“难酬蹈海亦英雄”，这是何等有气魄的诗歌。我又想到方志敏在狱中写下《可爱的中国》，叶挺也是在狱中写下《囚歌》，夏明翰写下“砍头不要紧，只要主义真。杀了夏明翰，还有后来人”，这都是一些年轻人。我又想到刑场上的婚礼，那些青年本身都是文学种子，如果生在和平的年代，他们未尝不会成为诗人和作家。但是，在那个年代，他们为了救这个民族、这个国家，献身于一种高于文学追求的更伟大的事业并为此牺牲，在刑场上宣读“我们结婚了”，何等视死如归，何等英雄气概。这不是史诗中的人物，这就是现实中的人物。

我重读这些并对比西方的文学史后，我问自己：我们的这些人物放在那个时期的全世界，别国有吗？他们没有。并不是说我们的这些先烈、先驱写了一首诗或一篇散文就是诗人、散文家了，但也不能因为他们是革命者、是抗日先烈，他们的诗就不是诗，散文就不是散文了。那样的诗、那样的散文在那个时代，其闪耀的文学光芒远不是其他国家的文学可比拟的。我又想到我们的东北，在抗日战争时期有7支抗日联军，其中6支有抗联军歌，那些军歌都是在什么情况下写的？深山老林、缺食少穿、冰天雪地，时时要战斗、要出生入死、要用落后的武器面对凶悍的敌人的情况下写就的。“铁岭绝岩，林木丛生。暴雨狂风，荒原水畔战马鸣……”能说军歌不是歌吗？不是诗吗？不是文学现象吗？放眼全世界，没有经历过这种苦难的国家产生不了这样的文学。我又想到“我的家在东北，松花江上”的歌词，这不是流亡青年写的，这是河北青年写的。他作为河北青年，看到东北青年流亡过来了，惺惺相惜，于是写下了这样的歌词，又连夜把曲子写出来了，这首歌成为全国传唱的歌曲。我又想到我们的《黄河大合唱》。当年这样一种文学的、文艺的现象，对于唤起我们整个民族的抗日热忱、抗日决心所起的作用，几乎跟弹药是一样的。而且你会看到我们当年的中国军队的不同，因为征了很多兵，我们的军队每到一地就要学文化，不但要教自己的战士们，还要教老乡们。

这两天，我跟我的同行们在饭桌上历数了我们好多好多的作品。大家静下心来想说：我们中国文学真棒！这不是我们自我陶醉，因为自我陶醉是在没读书的情况下。我首先读了国外的文学作品，读完之后再对比，我们的文学有着一种世界上从来没有过的文学意象、一种大气象。同学们可以自己查一下，屠格涅夫有一篇散文诗叫《门槛》，当年我读这篇散文诗的时候很受震动。屠格涅夫在那个时期，已经预感到有一种新的俄罗斯人要产生了，那类最富有牺牲精神的、最敢于把自己的一生和俄罗斯复兴连在一起的形象是什么样的？他选取了一个女青年，她面前也有一扇门，有一种声音对她说："推开这扇门，你的青春将要受到危害，你也不可能有美好的爱情，你还要进去吗？"她答道，"是的，我要进去。""你进去之后，你要经历什么——你要经历苦难，你要经历肉身的痛苦，你甚至要流鲜血，你会像普罗米修斯那个被困在山上终日受苦的神一样，你还要进去吗？""是的，我要进去。"最后它说："你这么年轻，又如此美丽，你可能会为此献出生命，你还要进去吗？""是的，我要进去。"屠格涅夫非常敏感，他感觉到高尔基《海燕》中说的那种大暴风雨、整个时代的大变化就要来临，他觉得在这个过程中一定会产生这样的人，他就用笔把她写出来。联系我们的现实生活中，其实方志敏就是这样的人，叶挺也是这样的人，我刚才说到的夏明翰等都是这样的人。

我刚才讲这些话，其实是希望大家以后谈到中国文学的时候心有敬意。不是因为我是作家，要对我心有敬意，而是对我们曾经的中国文学保持敬意。不要被那些所谓有知识的人带着节奏走，好像中国这也不行、那也不行，好像中国人就是天生的、100年之后还依然是这地球上的二等公民。如果是一个中国人这样说，不论他有着什么样的头衔，我都想当面反驳他。但遗憾的是，这种话常常还都是中国人说的。我们不要被他们带着走，我们真的可以有我们的文化自信，我们真的也可以有我们的文学自信。谢谢大家。

图书在版编目（CIP）数据

做人做事做学问名家系列讲座精粹 . 第六卷 / 宁波大学“做人做事做学问”名家系列讲座组委会编 . 宁波 : 宁波出版社 , 2025. 5. -- ISBN 978-7-5526-5491-2

Ⅰ . D432.62

中国国家版本馆 CIP 数据核字第 20241F1K65 号

做人做事做学问名家系列讲座精粹（第六卷）

ZUOREN ZUOSHI ZUOXUEWEN MINGJIA XILIE JIANGZUO JINGCUI DILIUJUAN

宁波大学“做人做事做学问”名家系列讲座组委会　编

出版发行　宁波出版社

地　　址　宁波市甬江大道 1 号宁波书城 8 号楼 6~7 楼

邮　　编　315040

责任编辑　陈姣姣

责任校对　叶呈圆

装帧设计　金字斋

印　　刷　宁波白云印刷有限公司

开　　本　710 mm × 1000 mm　1/16

插　　页　4

印　　张　13.5

字　　数　210 千

版　　次　2025 年 5 月第 1 版

印　　次　2025 年 5 月第 1 次印刷

标准书号　ISBN 978-7-5526-5491-2

定　　价　78.00 元
